激安ニッポン

谷本真由美

マガジンハウス新書
018

はじめに

ここ最近日本政府はインバウンドツーリズム、いわゆる外国人向けの観光業に大変な力を入れています。

みなさんも街を歩くと、大勢の外国人観光客を見かけるようになったと思います。それはなぜかわかるでしょうか。

もちろん、アニメや文学、映画など日本の文化に興味を持っている外国人も大勢いるのですが、実はそれ以外にも大きな理由があります。

日本は他の国に比べて大変〝安い国〟になってしまったのです。

「安い」というのはどういうことかというと、彼らの母国に比べて外食や不動産、サービス、とにかくすべてのものがとにかく激安なのです。

私は以前国連の専門機関で働いていて、今はイギリスに住んでいます。今も北米や欧州の人たちと仕事をし、そうした国々の友人も多くいるので、「海外から見た日本の現状」を日々目の当たりにしています。

それは何かと言うと、海外と比べて、日本の物価や日本人の給料がいかに安いか、そして、海外の人たちが日本の安さに目をつけ、激安なものやサービスをどんどん買おうとしているということです。

日本人はバブルの頃に積極的に台湾や韓国、東南アジアなどに出かけて、もう少し余裕がある人は北米や欧州に行って「爆買い」をしていました。そのとき彼らが次々に口にしていたのは「安い、安い」という言葉でした。

挙げ句の果てにはアメリカでロックフェラー・センターやハワイの別荘地を買い占めてしまい、大変な顰蹙《ひんしゅく》を買っていたことを覚えている人も多いのではないでしょうか。あれから30年近い年月が経ちましたが、今や立場は逆になってしまったのです。日本は外国の人々、特に先進国や途上国の現在伸びている国からするととにかく「安い国」になってしまったのです。

しかし、日本がいかに安い国かということを自覚している人はまだまだ多くはありません。なぜなら、日本はこの失われた30年でお金がない人がぐんと増えてしまい海外に行く人が減ってしまったからです。実際に外国に行っていないので比較ができず、「日本の現状」を正しく理解できていないわけです。

この本では、日本がいかに安い国なのかをデータや事例とともに明らかにしていきます。そして、海外の人たちが日本の不動産や医療サービスなど、ありとあらゆるものを買っている現状を紹介します。

そのうえで、どうしてそんなに安い国になってしまったのかを解明し、日本人は日本でこれから生きていくうえで、どうすれば幸せをつかむことができるかを解説していきます。

本書がまだほとんどの人が気づいていない「日本の真の姿」を知るきっかけとなればうれしく思います。

谷本真由美

激安ニッポン◎目次

第2章 転落しているのは「日本」だけ！

第3章 日本が売られる5秒前

第4章 なぜ、「安い国」になってしまったのか？

第1章

「ニッポンの安さ」を日本人は何も知らない

「世界最安値」のニッポン

日本は今や「世界最安値」の国です。

世界最安値というのはどういうことかというと、**日本の製品やサービスがその品質に対して大変値段が安いという意味です。**

ここで1つ身近な例で考えてみましょう。

たとえば、その一番わかりやすい例が日本で大人気の100円ショップではないでしょうか。

日本ではほとんどどこの街に行っても100円ショップがあります。

最近ではその規模が拡大しており、ほとんど「生活インフラ」と言っていいような状況にまでなっています。ここ15年ぐらいの間に100円ショップはちょっと目新しくて変わった店という位置づけから、コンビニのような立場になってしまっているのです。

また、100円ショップだけではなく「3COINS（スリーコインズ）」のような300円程度で雑貨を売る店も出てきていて、100円ショップと同じぐらいの勢いで増えています。

帝国データバンクの調査によると、2012年から2022年の10年間で、100円ショップの店舗数は3000店以上増加し、9000店を超えています。日本の市町村数はおよそ1700なので、単純計算で1つの市町村に5店舗以上もあることになります。

しかも、驚くべきことに100円ショップはこれまで高級志向だった日本人が大好きなおしゃれ系の店もどんどん侵食しているのです。

15年ぐらい前まではちょっとおしゃれなアパレルブランドが入っていた首都圏のデパートやショッピングモールのテナントもどんどん100円ショップに変わってしま

っています。

たとえば私が神奈川県の厚木市に行ったときですが、以前は中の上の人向けのアパレル店が入っていた駅ビルの店が3COINSになっていたのです。

しかも今までは高価格帯の文房具や雑貨を売っていた店もいつのまにか100円ショップになっています。

また驚くべきことに最近ではスーパーや生協のような店舗でも今までは老舗の生活用品や文房具を売っていたコーナーが丸ごと100円均一コーナーになってしまっているのです。

つまり、**これまでたとえば定規や穴あけパンチに500円から1000円ほど払っていた人たちが、100円ショップのものでないと買わなくなってきているということです。**

これは、そんなに頻繁に使わないものや短期間使うものであれば100円ショップの商品でもいいと考えられるようになってきているということでしょう。

欧米に逆輸出される「100円ショップ」

ところが他の先進国に行ってみるとこれがいかにおかしいことなのかということがわかります。

100円ショップというものは実は元々アメリカから輸入されたものです。それが日本で謎の進化を遂げて、北米や欧州に逆輸出されているのです。今やなんとハンガリーやトルコにも100円ショップに該当するお店があるのです。

アメリカで100円ショップ的な激安小売り店を始めたのはフランク・ウィンフィールド・ウールワース氏という人物です。

ウールワース氏は、若い頃に小売の店で働いていたのですが、消費者は大幅に割引されている商品や、B級品が大好きなことに気がつきました。それまでは、アメリカも個人商店のような店が多く消費者は割高な商品を定額で買うのが当たり前だったのです。割引のものを買うのはちょっと恥ずかしいというような意識もありました。かつてのアメリカも人々の意識は非常に保守的だったのです。

消費者の希望をいち早く感じたウールワース氏は、1879年に安売り商品だけを売る店を開き、その後支店を広げ、「ファイブ・アンド・ダイム」という名前をつけました。

ファイブというのは「5セント」のことで、ダイムとは10セントのことです。ウールワース氏が革命的だったのは、すべての商品を5セントもしくは10セントで売りさばき、これまでのアメリカの店舗では当たり前だった店員による細かなお客への売り込みや、サポートがまったくないビジネスモデルを確立したことです。

初期の頃は、お客は自分が必要なもののリストをカウンターの向こう側の店員に渡し、取ってもらうというやり方でしたが、その後お客が自由に商品を手に取ってレジに持っていくという形になりました。

値付けが一定なうえに、従来のように一対一の接客サービスが必要なくなったので、手間と人件費を劇的に削減できるようになります。ウールワース氏のビジネスモデルは、次々にアメリカ中でコピーされ、1ドルショップの原型となりました。この**「ファイブ・アンド・ダイム」はアメリカの20世紀初頭を代表する小売のビジネスモデルとなっています。**

こうした店は大恐慌や生活が苦しくなった庶民にとってはとてもありがたい存在だったのです。

ウールワース氏は富を拡大し、海外にも支店を広げていきます。

しかしウールワース氏の小売店は繁盛したものの、ホームセンターやスポーツ用品店のようなビジネスモデルとなっていき、現在の1ドルショップの原型となった売り方はやめてしまいました。

その後、アメリカではウールワース氏の会社は倒産し、イギリスや他の国にあった海外支店も次々に倒産していきます。イギリスの最後の店舗が閉鎖した日には、多くの人々が悲しみました。ビジネスモデルの変化が時代についていかなかったのです。

また、人々はショッピングを娯楽として捉える側面もまだまだ強かったので、昔からのマンツーマンの接客対応は、高級店やデパートなどに残ってきました。

その後90年代に入り、ウールワース氏の遺伝子を受け継いだ1ドルショップがアメリカにもでき始めます。

さらに消費者がアメリカのように買い物をするようになった欧州にもこのビジネスモデルが浸透していきます。

実は欧州で最大の店舗を持つのがイギリスにある「ポンドランド」で、全商品を1ポンドで売っていました。ただ最近では1ポンドを超える品物も取り揃えるようになってきています。

1990年に最初の店舗が立ち上がったポンドランドは、2002年には70店舗、2012年の初めには400店舗となり、今も店舗数が増え続けています。利益も大拡大し、2010年には前年比で81％も増加しました。

今や1ポンドショップは、イギリスの多くの街で見かけるようになってきています。そしてイギリスだけではなく、欧州のさまざまな国にも1ユーロショップが広がっていったのです。

「1ポンドショップ反対運動」が起こるイギリス

このように、アメリカやイギリスで1ドルショップや1ポンドショップが大人気となり、特に2000年代に急拡大を遂げた理由の1つは経済的な格差が大きくなってきたというのがあります。

そうした店を使うのは、金銭的に余裕のない人が中心なので、アメリカもイギリスも、欧州の他の国も基本的に1ドルショップや1ポンドショップにはあまりいいイメージがないのです。

たとえば、日本だと考えられませんが、イギリスの場合は中流以上の住宅地に1ポンドショップをつくるという建設許可が市役所に出されると、かなり過激な反対運動がよく起こります。

これは超高級住宅地だけではなく、物件価格が5000万円ぐらいの住宅が立ち並ぶ地域でもまったく同じです。

反対運動が起きるのは1ポンドショップができるとその地域が安っぽいイメージになってしまい、住宅価格が下がると思われているからです。

イギリスにおける反対運動のやり方は、非常に手が込んでいて、出店に反対する中流以上の人々は、SNSを駆使して大々的なキャンペーンを繰り広げます。また、物理的に店舗の建設予定地に行きデモを繰り広げることもあります。

彼らの言い分は1ポンドショップができると地域の治安が悪くなり、品位が下がり不動産の価値が下がるというものです。

つまり、自分たちよりも貧しい人たちに自分が住んでいる地域には来てほしくないのだとはっきり言うのです。

それだけ経済格差がはっきりしているということです。そしてそれを口に出すこともそれほど批判されません。

高価格帯の不動産を手に入れた人の中には、自分の努力で富を築いた人も多いので、それを否定しないのです。これが資本主義的な考え方です。

「安い店」を許せない富裕層

イギリスだけではなく、多くの先進国では自宅の売却価格が上がることをあてにして生活設計を立てるので、自宅の価格によって、老後に十分な資金が築けるかどうかが決まります。

ですから、その地域にふさわしくない店が来たり、階級が違う人が引っ越してきたりして、雰囲気が変わって、住宅価格が下がることを非常に嫌います。

また、景観に対する評価も非常に厳しいですから、自分たちが苦労して管理してきた住宅街の中に、忽然《こつぜん》とギラギラとした店が現れてしまったら、すべてが無駄になると考えます。だから、反対運動に大変な熱が入るわけです。

事実、イギリスだけではなく他の先進国でも、賃貸物件や売り物件を探すときにはその地域にある学校はもちろん、病院や小売店まで調べる人が多いのです。

日本以上に経済格差が大きな国がほとんどですから、その地域の経済レベルによって存在している小売店がはっきりと分かれています。

たとえば、アメリカの場合だと物件価格が高い地域には「トレーダージョーンズ」という高級スーパーがあります。

また、そういった地域では飲食店もベジタリアン向け料理を提供する健康に配慮した店が多くあります。

イギリスの場合は「ウェイトローズ」という高級スーパーや「M&S（マークスアンドスペンサー）」があるのが地価の高い地域である目印です。

そして多くの場合、このような高級スーパーで買い物をする人たちが、より安い商品を求めてさまざまな地域のスーパーを回ったり、1ポンドショップや1ドルショッ

プに行くということはまずありません。欧米では日本に比べて行動範囲が狭い人が多く、自分の収入や階級に合った店にしか行かない人だらけです。異なる収入レベルの人や階級の人と混じると、トラブルのもとになることが多いので、なるべく避けるのです。

ＢＢＣの報道によれば、イギリスの大手1ポンドショップである「ポンドランド」で買い物をする人々のうち、最上位の階級層に属する人々が10人に1人ぐらいになっているとのことです。全顧客の約10％程度しか上位階級に属する人がいないということなので、富裕層はメインの客層ではないといえるでしょう。

そして、日々の報道を見ていると、1ポンドショップができるような地域というの**は残念ながらやはり実際に低所得者が多かったり、暴力事件が多かったりということが少なくないのです。**

たとえばイギリス西部のブリストルという町にある1ポンドショップでは、犯罪者が近隣の店舗に車で突っ込んだうえに、斧《おの》で店員を襲うという事件がありました。

また、イングランド北部のヨークシャーでは1ポンドショップで万引きをした男が店員をナイフで脅しました。昼間に起きた事件で監視カメラにはその男の顔や姿がはっきりと映っており、顔を隠そうとか、逃亡しようとかという意思は見られませんでした。こういう人々でも入店してしまうのが1ポンドショップなのです。

こういう事件はまったくめずらしくなく、ニュースサイトを少し検索すればわかると思いますが、イギリスの小売店舗で起きる乱闘事件の少なくない数が1ポンドショップで起きています。その乱闘もちょっとした小競り合いというレベルではなく、ほぼ殺人事件につながりそうな非常に激しいものです。

また、イギリスの場合、1ポンドショップで販売されているのは、新興国で製造された低コストの商品が中心です。

これは通常はイギリスや他の先進国では売られないものなので、パッケージには製造された国の言葉が載っています。

たとえば、イギリスでよく見かける商品には、トルコや東欧の言葉が書いてあることが多いのです。

たとえ、欧州の有名ブランドの商品であっても、サイズが小さかったり、なんとなく香りや配合が違うなというものがかなりあります。

これらの商品の製造ラインや品質管理は先進国の基準を満たしていない場合もあるので、1ポンドショップの食品は時々サルモネラ菌などによる食中毒事件が起きることがあります。

そうなると大々的な商品回収が行われるのですが、こういった事件があまりにも多いので、それほど大きな報道にはなりません。

「日本人全体」が貧しくなっている

つまり、アメリカの1ドルショップやイギリスの1ポンドショップというのは、経済格差や階級格差を色濃く反映しているということです。

ところが現在の日本を見てみましょう。この章の最初でも述べたように、ここ20年ほどの間で、ありとあらゆる街で100円ショップの出店が目立つようになっていきます。ちょっとおしゃれで値段が高めの雑貨店などがつぶれ、どんどん100円ショップに変わっていっています。

どうしてそうなっているかというと、100円ショップで買い物をすることに躊《ちゅう》躇《ちょ》しない人が増えているからです。20年ぐらい前だと「100円ショップで買った」と言うのは若干恥ずかしいという感覚がありましたが、今ではそんな感覚の人はあまりいないでしょう。

しかも、日本の100円ショップではパーティーグッズから部屋のインテリア、ガーデニングのグッズまで、ありとあらゆるものが売られ、他の店舗に行く必要もなくなってしまうほどの品揃えなのです。

さらに、海外とは違って日本人は収入が比較的高い人でも100円ショップに気軽に立ち寄っています。

日本人は安売りのものに対して偏見がないのでしょうか？　世界一厳しい品質管理を求めるはずの日本人がなぜ、１００円ショップのものを使うのでしょうか？

たしかに１００円ショップには何でもありますが、老舗のメーカーがつくっている商品に比べると、品質はかなり劣ります。

食器や台所用品なども、やはりそれなりの値段のものに比べるともちが悪いものばかりです。しかも、商品はコストカットのために小さなサイズになっていて、実は普通にスーパーで買ったほうが割安だったりするのです。

そして、電化製品に関しては、日用品以上に品質の差があります。老舗メーカーがつくっている製品には遠くおよびません。

しかし、それでも日本人が１００円ショップに行き、生活に必要なありとあらゆるものを買っているのは、要するに、**日本人全体が貧しくなっており、お金を自由に使うことができなくなっている**からです。

これが他の先進国と違う点なのです。他の先進国であれば1ポンドショップや1ドルショップを使うのは、お金があまりない階級の人々です。

日本ではそれなりに経済的に安定していると思われる人々ですら、100円ショップを使っているのです。これは日本人がどれだけ貧しくなってしまっているかということの証拠の1つなのです。

〝ペラペラの服〟を着ている若者たち

他にも、「日本では安いものしか売れない」ことを表している例はいくらでもあります。日本に帰ってハッと気がつくのは、日本の若い人たちは、他の先進国と「服の流行」がかなり違うという点です。

若い人はトレンドに敏感なので、海外の若者たちは最新の流行りのスニーカーを履いていたり、トレンドの服を着ていたりします。

一方、日本でまず気がつくのは、若い人の足元を見ても、北米や欧州で流行している最新モデルのスニーカーを履いている人がほとんどいないということです。少し新しいモデルを履いている人もいるかなと思っても、よく見ると2シーズンぐらい前のものです。

しかも、他の国で流行っているNIKEなどではなく、海外では特に人気のないブランドのスニーカーを履いている人が非常に多いのです。つまり、「在庫が余っている古いもの」を選んでいる人が多いということです。

これは日本人が服装にこだわらなくなったからでしょうか？ 若い人の場合、そんなことはないと思います。今も昔も日本人ほど自分のイメージや見た目を気にする人たちはいません。しかし、**最新モデルは2、3万円しますから、若い人たちにとってはもう買えない人が多い**のです。

さらにバッグを見ていてもこれはよくわかります。

日本は20年ぐらい前に比べると、随分と安いバッグを持つ人が増えました。女性は布バッグや合成革のバッグが目立ち、他の先進国の人々に比べると、明らかに品質が低いものを持っているのです。

さらに、若い人の着ている服を見ると、ブランド服を着ていないのはもちろん、明らかに生地がペラペラです。化学繊維の薄い生地の服や毛玉のついている服を着ている人が昔よりうんと増えました。

他の先進国の若者たちは、もっと明らかに質がいい生地の服を着ています。彼らが着ているのは、一見カジュアルに見えても、実は高性能のアウトドア製品だったり、高級生地のメリノウールだったりするのです。

店頭に並ぶ商品も日本とは違います。

たとえば、イギリスやドイツだと、メリノウール100%のスポーツウェアやセーターが都市部のデパートで売られています。そこではTシャツ1枚が1万5000円ぐらい、セーターは1枚3万円ぐらいします。

イギリスやドイツにも激安の衣料品店はあるのですが、同時に超高品質のものもよく売っているのです。

つまり、若者にもそれだけ収入があり、生活に余裕があるということです。ところが日本だと、**最近はこういった高価格帯・高品質の商品を探すのがかなり大変です。**

それだけお金がない人が増えてしまったのです。

実際、外資系のアパレルブランドは、若者層の消費の冷え込みから苦戦が続き、日本から撤退するところが相次いでいます。たとえば、2019年にはフォーエバー21とアメリカンイーグルの2社が日本から撤退しました(フォーエバー21は2023年、規模を大幅に縮小させて日本に再上陸)。その他のブランドも店舗の閉店などを余儀なくされています。

海外旅行に出かけ、ブランド品を次々買いあさっていた日本人はもはや、一部の富裕層を除いて、海外に出かけるどころか、日本にある海外ブランドの店にすら行けなくなっているのです。

「iPhone」は世界37の国の中で最安

2022年、アップルが最新型の「iPhone14」を発売しました。日本での販売価格は11万9800円と10万円を超えていたことから、SNS上では「そろそろ買い替え

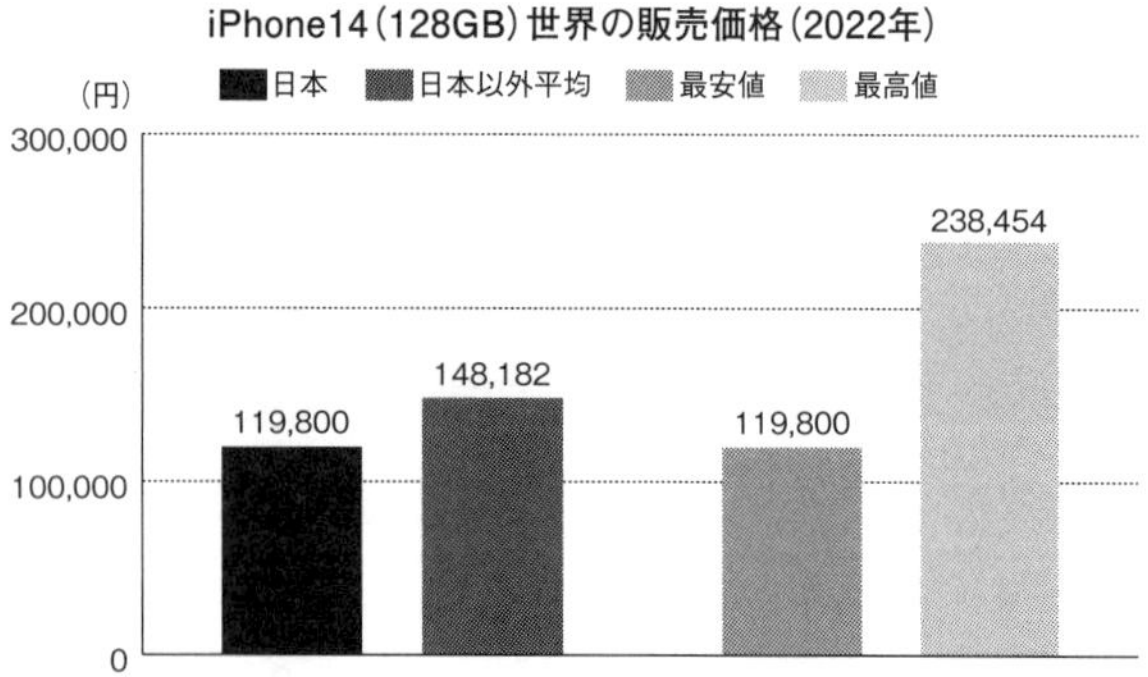

出典：2022 MM Research Institute, Ltd.

たいけど、パソコン並みに高くて買えない」「もはや高級品で自分みたいな貧乏人には手が出ない」といった声が出ていました。

しかし、日本人には意外と知られていませんが、**「iPhone14」の販売価格は世界の中で日本が最も安いのです。**世界での販売価格をまとめたものが上の表です。これを見ると、日本以外の国々の平均は14万8182円と、日本より2万8000円以上も高くなっています。また、最高値のトルコ（23万8454円）はなんと日本の約2倍の価格になっています。12万円弱で「高すぎる」と言っていた人にとっては、トルコの販売価格は驚くべき数値でしょう。

アップルなどの外資系企業はきちんと市場調査やマーケティングを行っていますから、そういった分析を踏まえたうえで、日本での販売価格を最も安く設定しているわけです。つまり、日本は「安くしないと売れない」とみなされているのです。

しかし、日本人は世界最安値のiPhone14ですら手が出ません。安価なAndroidスマホに乗り換えるか、どうしてもiPhoneが欲しい人は型落ちのiPhone13や廉価版のSEシリーズなどを買うようになっています。

実際、市場調査会社BCNがまとめた大手家電量販店における実売データによると、iPhone14の販売台数はiPhone13より31%減、iPhone12より69%減となっています。世界最安値のiPhoneすら買えず、型落ちや廉価版しか買えない。それが今の日本のスタンダードになってきているのです。

海外では高級品、日本では激安品の宣伝ばかり

海外と日本を往復していると気がつくのですが、日本では他の先進国で大量に流さ

れているハイスペックなマンション・最新モデルの自動車などの宣伝がほとんどありません。

たとえば欧州だと、雑誌やテレビ、ネット広告でサムスンやＬＧなど、韓国企業の高級家電の宣伝がどんどん流れます。そういう広告は以前は日本メーカーの製品だったのですが、今や韓国メーカーのものが中心です。日本ではそういった広告を目にすることがどんどん減ってきています。

また、欧州では高級車メーカーの最新型モデルが発売されると、あらゆる媒体に一斉に宣伝が流されます。ところが日本のテレビや雑誌で見かけるのは、超激安のファミリー向き軽自動車やコンパクトカーばかりです。

化粧品も日本ではプチプラコスメを取り上げています。これは、アメリカや欧州でいうと、１ドルショップや１ポンドショップなどを使う低所得者向けの商品ばかりを取り上げるようなものです。

これは日本人の美意識や消費意識が変わったからということが理由でしょうか？そうではないでしょう。

セルフイメージに恐ろしく気を使う日本人は化粧室で他人に見られることもある化粧品はいいものを揃えたいはずです。プチプラや100円ショップの化粧品はどんな材料を使っているかわからないので、不安に思っている人もいるでしょう。

それでも結局お金がないので、安いものを買わざる得ないということなのです。そして**メーカー側も日本では高額な商品が売れないので、宣伝すら流さないわけです。**

一方、イギリスの朝のワイドショーで取り上げる化粧品は、欧州の一流メーカーの高級品が中心です。他の欧州各国やアメリカでも、日本のバブルの頃と同じように、高級ブランドの化粧品の宣伝はどんどん流れています。つまりそれだけお金を払う消費者がいるということなのです。

〝中古品大好き〟なのは日本だけ

さらに、ここ最近の日本で大変驚かされるのは、リサイクルショップがどんどんと街の中心のほうに出てきていて、ショッピングモールの中にも、最低1つはリサイクルショップが入っていることです。

そして、店舗の規模もどんどん拡大しているようです。私は日本に行くといつも何軒かのリサイクルショップを回りますが、行くたびに品物の数が増え、店舗面積も拡大しているのです。

そしてかつてのリサイクルショップとは品揃えも変わってきています。たとえば子ども用品だと、昔は七五三のときの着物など1、2回しか使わなかったものが売られていましたが、最近はよく使い込まれた子ども服やベビー用品が目立つようになりました。それでも値段がついていて、買っている人がいるのが驚きです。

しかも、そういった品物を買っていく人々はそれほどみすぼらしい身なりでもなく、礼儀もきちっとしているのです。

節約志向と言えば、聞こえはいいかもしれませんが、コレクションや趣味の目的ではなく、生活必需品すらも中古で揃えなければならないのです。

中国のウェブメディア「澎湃新聞《ほうはいしんぶん》」は、そうした現状を受けて、「日本人はなぜ中古品が好きなのか?」という記事を配信しています。

この記事では、フリマアプリ「メルカリ」の売上高が大幅増加していることや、「大黒屋」などの中古買取ショップがいかに豊富な品揃えなのかを紹介しつつ、次のように分析しています。

「1960~70年代に日本経済は急成長し、人々は裕福になってあちこちで買い物をし、特にぜいたく品を大量に買って身分をアピールした。しかし、その後の日本は経済が長い停滞期に入り、若者が過度な消費を嫌うだけでなく全体が明らかな低欲望状態に入った」

この指摘の通り、低成長にあえぐ日本では半ば強制的に、中古品を積極的に使うライフスタイルが浸透していったのです。

こういうリサイクルショップは欧州や北米にもあり、むしろこちらが本場です。しかし、やはりここにも階級や経済格差がはっきりしていて、リサイクルショップがあるのは経済的に厳しい地域であることが少なくありません。そして、リサイクルショップでものを買うのは、趣味目的やコレクションのためではなく、節約をしたいからという人が大半です。

そうした地域以外に住む人たちはあまり中古品を買わなくなっています。以前は「eBay」というオークションサイトでメルカリのように個人間で取引をする人が多かったのですが、最近は中古品の出品はかなり減っています。

「下流」に転落し始めている

リサイクルショップでは買う人だけではなく、売る人もお金がない人たちなので、品物の状態は当然よくありません。加えて、盗品や遺品が混じっていることもあるので、リスクもあります。お金持ちは人に自分のものが使われることを嫌がって捨ててしまうことが少なくありません。ですから、海外の中流階級以上だと、近所にリサイクルショップはいらないと考えている人が大半なのです。

非常に実利的で損得をシビアに考える北米やイギリスの人たちでさえもリサイクル

ショップを使うのはある程度の階級以下の人であり、それ以外の人は基本的に使わないのです。

しかし、100円ショップと同様に、日本では中流以上に該当する人々でもリサイクルショップでものを買わざるを得ない状況になってきています。つまり、**教育レベルや教養は中流のままですが、経済的にはだんだんと下流に転落しているということ**なのです。

「インフラ崩壊危機」を迎えている

日本の貧しさを表しているのは「価格」だけではありません。これ以外に、日本の没落具合を顕著に表している現象があります。

それは、**日本のインフラがどんどん劣化していること**です。

日本では最近、ずいぶんとひび割れた道路が増えました。昔は舗装されたばかりの道路が多かったのですが、ここ20年ばかりは老朽化してそのままになっている道路も少なくありません。歩行者が段差に取られて転倒しそうになっているところもよく目にします。

また、路肩や中央分離帯にも雑草が生え放題の地域が増えてきました。これは欧州の豊かな国だとあまり見られないことです。こういった国では、雑草の処理や街路樹の手入れなどのメンテナンスも細やかにやっているので、日本のように荒れていません。それも、中心地から離れた郊外の地域でもやられているのですから驚くべきことです。

一方、経済が停滞しているイタリアやスペイン、ギリシャなどの国だと話は変わります。道路はひび割れたところが増え、雑草が生え放題で街路樹はろくに剪定《せんてい》されていません。最近の日本は、欧州の貧乏な国に近づいてきているということでしょう。

しかも、これが見た目のみの話であれば、「見栄えが悪い」というだけですが、実際には深刻な事態に陥る危険性があります。

公共工事が行き届かず、大規模な修繕工事が行えないと、道路が陥没したり、陸橋が落ちたりといった事態が起こるようになります。また、河川の堤防などのメンテナンスが不十分だと、洪水や土砂崩れが頻発する恐れがあります。

日本でも最近、あまり耳にしなかったようなインフラのトラブルや事故が増えていると思う人もいるのではないでしょうか？

バブル崩壊後でもまだ豊かさの余韻があった１９９０年代の日本は次々に新しいインフラをつくっていました。しかし、90年代の半ばごろから今に至るまで、ほとんどメンテナンスをしていない道路や陸橋が相当あるのです。

同じ頃には、インフラだけではなく「○○文化振興センター」などという名前の箱物も多くつくられました。これらの施設がメンテナンスもろくにされず放置されていることを考えると、それよりもはるかにお金がかかる**インフラの整備が今後も進まないことは想像に難くありません。**

国土交通省の発表によると、日本では建設後50年を超える橋梁《きょうりょう》は現在全体の約４

割を占めていて、2033年には7割以上になる見通しです。

老朽化した橋を直すことができず、不便を強いられている人たちもいます。たとえば、茨城県高萩市にある「菖蒲橋」は2016年に腐食が原因で橋の一部が落ちてしまいましたが、いっこうに修理が行われず、通行止めの状態が続いています。住民たちは菖蒲橋を使えないため、遠回りを余儀なくされています。また、壊れた状態のまま放置しておくと、台風の際に橋ごと流されるなどの危険があると不安の声をあげている人もいます。

このように、修理することも撤去することもできない橋や道路は不便なだけではなく、新たな被害の原因となる恐れもあります。こんなことは、自治体もわかっているはずですが、予算の関係上、対応することができていないのです。

10年ぶりに来日したイギリス人夫は何を感じたか？

2022年、イギリス人の私の夫は10年ぶりに日本を訪れました。彼は日本の現状を見て、大きな衝撃を受けていました。

街を歩けば、100円ショップや激安店が目立ち、看板には介護施設や高齢者向けの医療サービスの広告だらけになっているのです。

飲食店も昔よりも価格が下がっており、旅行者にはありがたいのですが、価格が下がるということはそれだけ儲かりにくくなっているということです。そんな先進国ははっきり言って日本だけです。

そして夫は「道行く人の服装や表情もなんとなく暗いね」と言っていました。

さらに、夫はイギリスの国立大学の研究者で、専門は経営学なのですが、世界各国のデータを見ていて毎回驚かされるのが日本人の「給料の安さ」だといいます。**あまりにも給料が安いので、これは本当に先進国のデータなのかと信用ができないらしいのです。**

もちろん彼は日本のデータ収集や統計の正確性はよくわかっているので、嘘のデータではないということは知っています。途上国や独裁国が出しているデータとはまったく違うのです。しかし、だからこその驚きなのです。

そして、私も実際に日本の上場企業や大学で働く人々の給料の金額を聞くことがありますが、「まるでギリシャじゃないか」と驚いてしまうほどの低賃金です。

加えて、夫が驚いているのは、イギリスの基準であれば5つ星ホテル並みのサービスを提供してくれる駅の駅員さんやファストフード店の店員さんがどれだけ安い賃金で働いているのかということです。

夫は大河ドラマや時代劇を延々と見て、毎日日本の歌謡曲を聞いています。そんな日本通の夫すら、いまだに日本人の給料の安さに衝撃を受けているのです。日本のことをあまり知らない経済学者や一般の人だとどれだけ驚くかは想像できると思います。

日本人の給料が上がらない理由は他の章で詳しく語りますが、**日本人は海外の人から見ると、信じられないほど低賃金で働いている**ということは知っておいてください。

第2章

転落しているのは「日本」だけ！

日本のイメージは「バブル時代」で止まっている

日本は物価だけではなく、給料も安い国です。ただ、実際に他の先進国と比べて、どれほど安いかを数字で把握している人は少ないと思います。

この章ではデータを参照しつつ、日本の物価と給料が世界と比べてどれくらいの水準なのかを見ていきます。

前章で紹介したように、外国人から見ると、日本人の給料は驚くほど安い水準にとどまっています。なぜ、彼らがそんなに驚いているかというと、**海外では「バブル時代の物価も給料も高い日本」というイメージのままだから**です。

1980年代から90年代の初め頃には、日本経済の快進撃が先進国のメディアで盛んに報道されていました。アメリカでは日本の自動車産業を叩いたり、家電業界を攻撃したりする保守派が少なくなく、当時アメリカのテレビでは日本車をハンマーで破壊する自動車産業の労働者の姿が放映されていたりしたのです。

そして、同じ頃の欧州では、景気がよくない国が多かったために、日本企業の支援に頼って地域経済を復興させようと、わざわざ日本の会社を現地に誘致していた国もありました。

そうした動きを見せた国の筆頭がイギリスでした。当時のイギリスは「イギリス病」と言われた経済の停滞に苦しんでいました。組合があまりにも強いために生産性がぐんと下がってしまっていたのです。

そのため「鉄の女」と呼ばれたサッチャー首相が強くなりすぎた組合を解散させ、効率が悪い産業をどんどんつぶしていきました。その1つがイギリス北部の炭鉱地帯で、操業すればするほど赤字になる炭鉱や鉄工所、造船所、またそれらの産業に対してサービスや機械を提供する企業が倒産していきました。

炭鉱業や鉄鋼業、製造業はたくさんの働き手が必要です。そういった人々は多くが専門性の高いスキルを持った熟練労働者です。しかし、スキルが特化しすぎているために、他の産業に転職できず、失業してしまう人が続出しました。

イギリス政府は失業者の雇用を確保するために、日本の自動車産業を誘致したのです。当時お金があった日本企業は、それに応え、イギリスの北部に莫大《ばくだい》な投資を行ってきました。

こうして、**失業にあえぐイギリス北部を救ったのは日本だというイメージが定着した**のです。

イギリスでは、いまだにこのイメージが根強く、「日本はお金持ち国家」だと思っている人も多くいます。彼らは「中東の産油国」のような豊かな国だという感覚を持っているところがあります。

そして、イギリス以外の欧州諸国には、1980年代から90年代にかけて、お金を持った日本人旅行客や投資家が押しかけていました。各国の主要観光地には必ずと言っていいほど、日本語のツアーや日本語の観光案内所があり、ブランド品で着飾ったツアー客や個人の旅行者がたくさんいました。

観光業界だけではなく、教育業界でも日本人向けのサービスに力を入れていました。

音楽学校や語学学校は「留学ビジネス」を積極的に推し進め、日本人の学生が次々と欧州の学校にやってきていたのです。

現在では、観光業界も教育業界もすでに日本人向けのサービスは勢いがかなり落ち込んでいますが、当時の印象があまりにも強烈だったために、欧州には「日本人はお金をたくさん持っている」「日本は物価が高い」という印象を持っている人が大半です。

海外の若い人たちはSNSなどで、日本の現状をよく知っていたりします。一方、日本人が裕福だった時代を知っている40代以上の人たちはいまだにバブル時代の日本のイメージが抜けていないのです。

欧州からは「遠い国」

なぜ、日本のイメージがいつまで経っても更新されないかというと、実は欧州の人たちは、日本にあまり訪れていないからです。

欧州と日本は大変遠いのです。飛行機でも最短で10時間はかかります。飛行機代も安くはなく、ピーク時には往復で20万円以上はかかります。そこまで時間とコストをかけて、わざわざ休暇で遊びに行こうという人は多くはありません。欧州では、10万円ほど払えばパックツアーで1週間ほど周辺の国を巡る旅行に行けますが、それに比べると、大変高額な旅行になってしまいます。

しかも、ここ20年ほどの間に欧州でも経済格差が広がってきており、長い休暇を取れる正社員の人が減っていて、非正規の人だらけになっています。仕事の競争も激しいのでそれほど長い休暇をゆるゆると取っていられる暇はないのです。

そうすると、移動距離が長く、時差もある日本へ行こうという人は多くありません。日本人の感覚からすると、南アフリカやブラジルに行くような感じです。多くの日本人が南アフリカやブラジルの現状を知らないように、**欧州でも、日本が今、どんな国なのかを知っている人は多くないのです。**

日本の物価は本当に安いのか？

「日本の物価が安い」という記事は多く出ていますが、きちんとデータを元に伝えているものは多くありません。実際のところ、日本の物価は世界と比べてどうなのでしょうか。

それを知るために役に立つのが「購買力平価（Purchasing Power Parity：PPP）」です。これは「為替のレートは、２国間の通貨の購買力によって決まる」という考えに基づき、算出される指標です。

たとえば、コカコーラ1本の値段が日本で１２０円、アメリカで1ドルだったら購買力平価は1ドル＝１２０円となります。それぞれの国で、同じものを買ったらいくらかかるかということを比較するわけです。

そして、購買力平価を為替レートで割ったものを「内外価格差」と呼びます。コカコーラ1本の価格を元に算出した購買力平価が1ドル＝120円で、為替レートが1ドル＝140円だったとすると、内外価格差は0・85になります。

内外価格差を見れば、2国間の物価水準を比べることができます。先ほどのコカコーラの例だと、内外価格差が0・85なので、15％分「日本の物価が安い」と考えることができます。

ここで注意が必要なのは、購買力平価を出すときの商品やサービスは、価格が安定していて、比較する国すべてで広く浸透しているものでなくてはならないことです。極端な例を挙げると、マグロの酒盗や仏壇などはそもそもアメリカではほとんど売れていないので、購買力平価に使うことができません。また、今は全世界的に高級腕時計の値段が急激に上がっていますが、そうした価格がすぐに変わってしまうものも適しません。

最も代表的な購買力平価は、国際機関であるOECD（経済開発協力機構）が公表している「GDP購買力平価」で、GDPに対応すると考えられる品物を数千種類選

世界各国のビッグマックの価格（2022年）

順位	国	ドル	円	順位	国	ドル	円
1位	スイス	6.71	939	19位	クウェート	4.23	592
2位	ノルウェー	6.26	876	20位	チェコ	3.97	556
3位	ウルグアイ	6.08	851	⋮	⋮		
4位	スウェーデン	5.59	782				
5位	カナダ	5.25	735	31位	中国	3.56	498
6位	アメリカ	5.15	721	32位	韓国	3.5	490
7位	レバノン	5.08	711	33位	タイ	3.5	490
8位	イスラエル	4.95	693	39位	モルドバ	3.11	435
9位	アラブ首長国連邦	4.9	686	40位	ベトナム	2.95	413
10位	ユーロ圏	4.77	668	41位	日本	2.83	396
11位	オーストラリア	4.63	648	42位	アゼルバイジャン	2.77	388
12位	アルゼンチン	4.57	640	43位	フィリピン	2.75	385
13位	サウジアラビア	4.53	634	44位	トルコ	2.68	375
14位	イギリス	4.44	621	45位	香港	2.68	375
15位	ニュージーランド	4.43	620	46位	ハンガリー	2.65	371
16位	ブラジル	4.25	595	47位	台湾	2.51	351
17位	バーレーン	4.24	593	46位	マレーシア	2.65	371
18位	シンガポール	4.24	593	47位	エジプト	2.51	351

出典：https://www.economist.com/big-mac-index

び算出しています。

　ＧＤＰ購買力平価より、もっとシンプルにわかりやすくしたものに「ビッグマック指数」があります。

　これはイギリスの経済雑誌『エコノミスト』が考えた指標です。ビッグマックは世界中のマクドナルドで売られていて、価格も安定しているので、各国のビッグマックの価格を比較することで、国ごとの物価水準を確認することができるのです。

　本当のビッグマック指数は、ある国のビッグマックの値段をアメリカのビッグマックの値段で割ることで求めるのですが、ここではわかりやすいように、単純に値段を比べてみます。

前ページの表は2022年における国別のビッグマックの値段を示したものです。日本の価格は396円で、41位とかなり安くなっています。これはアメリカ（721円）の55％ほどで、中国（498円）、韓国（490円）、タイ（490円）より「100円近くも安い」という結果になっています。日本は欧米より物価が安いと言ってもあまり驚きはないかもしれませんが、実は**アジアの国々の中でも日本は「物価が安い国」になってしまっている**のです。

以前は「高い国」だったのに……

バブル崩壊直後の日本では海外との内外価格差が問題になっていました。日本円が強かったうえに経済も好調だったので、海外のものがどんどん安く買えたのです。

たとえば、1994年4月、ビッグマックは東京で391円でしたが、アメリカでは2・3ドルで239円でした。

この数字を元に購買力平価を算出すると、1ドル約170円になります。当時の為替レートは1ドル104円だったので、内外価格差は170円÷104円＝1・63倍です。つまり、1994年時点では、日本のビッグマックはアメリカより1・63倍も高かったのです。

このように、当時の日本の物価は、アメリカをはじめとした各国を大きく上回っていました。

さらにOECDの統計でも同じような結果が出ています。日本の物価水準は1995年にはアメリカの1・85倍だったのですが、2022年にはなんとアメリカの0・72倍にまで下がってしまっています。

つまり、日本はアメリカや欧州より30％から40％ぐらい物価が安いということです。


日本では2022年頃後半から食品や日用品の値上げラッシュが続いていますが、それでも世界と比べるといまだに「安い国」なのです。

アメリカではハンバーガー1つで「2000円超」

それでは本当に海外の物価がそんなに高いのかどうか、ここで実例をいくつか見てみます。まず、アメリカの新聞『ロサンゼルス・タイムス』の記事の中で紹介されている寿司屋の値段を見てみましょう。超高級店から手頃なお店までいろいろ並んでいるのですが、その中でも高級店である「ONODERA」では「おまかせ」が1人前350ドルから400ドルで、およそ4万8000円から5万5000円ほどになります。客単価5万円は銀座でも超高級の部類に入ります。

この店は超高級店だから高いだけだろうと思うかもしれませんが、同じ記事で激安店として紹介されているところの値段もなかなかです。

たとえばリトル・トーキョーにある「Hama Sushi」ではかっぱ巻4ドル（554円）、タイ5ドル（697円）、ウニ10ドル（1390円）になります。ほとんどの日本人はかっぱ巻きが500円以上することに驚くと思いますが、アメリカでは、この寿司屋がお手頃な店扱いなのです。

次に、ファストフードの値段も見てみましょう。

アメリカの名門野球チーム、ロサンゼルス・ドジャースのスタジアムで売られている食べ物はいくらぐらいかを見てみると、面白いことがわかります。

・ワイルドマッシュルームサンドイッチ　14・99ドル（2088円）
・チキンサンドイッチ　15・9915ドル（2228円）
・スティックに刺さった揚げチーズケーキ　10・99ドル（1531円）
・地中海チキン丼　19・99ドル（2778円）
・ニューBBQプラター　49・99ドル（6900円）
・チキンペストパニーニ　14・99ドル（2088円）

ちなみにこれはどれも1人分の分量です。アメリカの野球場で売られているのはファストフードが中心で、いわゆる典型的なアメリカンフードです。サンドイッチ（という名前ですが、実際はハンバーガーです）は1つ2000円以上、吉野家だったら500円以内で食べられそうなチキン丼は2700円以上もするのです。

また、この中では安い揚げチーズケーキですが、これはただ単にチーズケーキを油で揚げて串に刺しただけのもので、日本のコンビニなら300円もしないような食べ物です。野球場なので、食べ物の値段は若干割高だとは言っても、これは日本では「ぼったくり」と言われるくらいの価格設定だといえるのではないでしょうか。アメリカの物価高と日本との価格差をひしひしと感じてしまう値段です。

また、アメリカ最大の都市ニューヨークでも、かなり物価が高騰しています。ニューヨーク在住の日本人イラストレーターがウェブメディア『marie claire』に寄稿した記事を読むと、アメリカのインフレのすごさがリアルに伝わってきます。

・スーパーで普通に売られている1ダースの卵が6ドル（835円）する
・ベーグル屋のサンドイッチが18ドル（2507円）する

・タクシー運賃が23％引き上げられた。ＪＦＫ空港からニューヨーク市内への一律料金はチップなどを含めると90ドル（１万２５３６円）かかる

・家賃が５００ドル（６万９６４６円）上がって、引っ越しを余儀なくされる人もいる

いかがでしょうか。日本でも卵の高騰は話題になっていますが、10個入りの１パックが２６０円程度ですから、アメリカとは２・７倍近くもの価格差があります。また、食品だけではなく、タクシー運賃や家賃まで上がっているので、インフレが急激に進んでいることがわかります。

ホテルの宿泊費は〝7倍〟に高騰

また、アメリカでは宿泊費も高騰しています。

たとえば、ニューヨークに私が大学院生時代の1997年に滞在していた「International Student Center」というユースホステルがあります。部屋には2段ベッドが並んでいて、6人から10人くらいの相部屋なのですが、当時はだいたい1泊1500円くらいで泊まれた記憶があります。

しかし、なんとここに今滞在しようと思うと、1泊1万円以上します。6人部屋を貸し切ると1部屋あたり1泊5万4000円以上にもなります。**私が滞在していた頃から宿泊費が7倍近くになっているわけで**、この物価上昇には本当に驚きです。これでは、日本人のお金のない学生は貧乏旅行などとてもできません。

さらに1997年当時は郊外だと1部屋4000円程度だった「Super 8」などのチェーン店のモーテル（激安ホテル。連れ込み宿ではありません）がなんと現在では、ど田舎の安いところでも1泊1万2千円、ちょっと都会のほうだと2万円近くします。

私はお金がなかった学生時代、同級生と割り勘でここに宿泊し、1人あたり8ドルから10ドル、当時の日本円で1000円程度を払ってなんとか滞在できていました。

このようなモーテルは朝食のドーナッツとコーヒーが食べ飲み放題だったので、私たちは最低限の宿泊費でドーナッツをありったけ食べて1日分の食費を浮かし、夜は日本円で100円ぐらいだったハンバーガーでお腹を満たして旅行していました。なので、今のアメリカの物価高騰には驚かされるばかりです。

一方、日本は1997年当時と物価はさほど変わっていないので、日本の経済がどれだけ成長していないかがわかると思います。

「学費」で見る海外との価格差

日本では、少子化が急速に進んでいますが、その原因として、教育費が高すぎると指摘している人がいます。しかし実は、日本は他の先進国に比べて、教育費は激安なのです。

この本の読者の中には大学生ぐらいのお子さんがいる人もいると思うのですが、日本においても格差がぐんと出てくるのが「学費」です。

まずアメリカでは、地元の学生が公立大学に通う場合、学費は年間5000ドルから1万5000ドル程度（70万円から200万円）ですが、州外の学生や留学生が公立大学に通う場合、学費は2万3000ドル程度（320万円）にもなります。さらに、**私立の有名大学だと学費は非常に高く、一番安いところで年間3万ドル（420万円）、名門大学だと1年に5万ドルとか6万ドル（690万円から830万円）になります。**

私は2000年前後にアメリカの私立大学の大学院に通っていましたが、そのときは授業を取り放題で学費は年に120万円程度でした。生活費はいろいろと切り詰めて年に100万円ほどだったので、東京で学生生活を送るよりも安く済ますことができていました。しかし現在、その大学院に通うには、学費と生活費を合わせて、年間1000万円近くはかかります。ざっくり総費用が5倍近くになった計算です。

これはアメリカ政府が教育予算をカットしていることと物価が高騰していることが関係しています。

世界の保育園費用（1ヶ月）

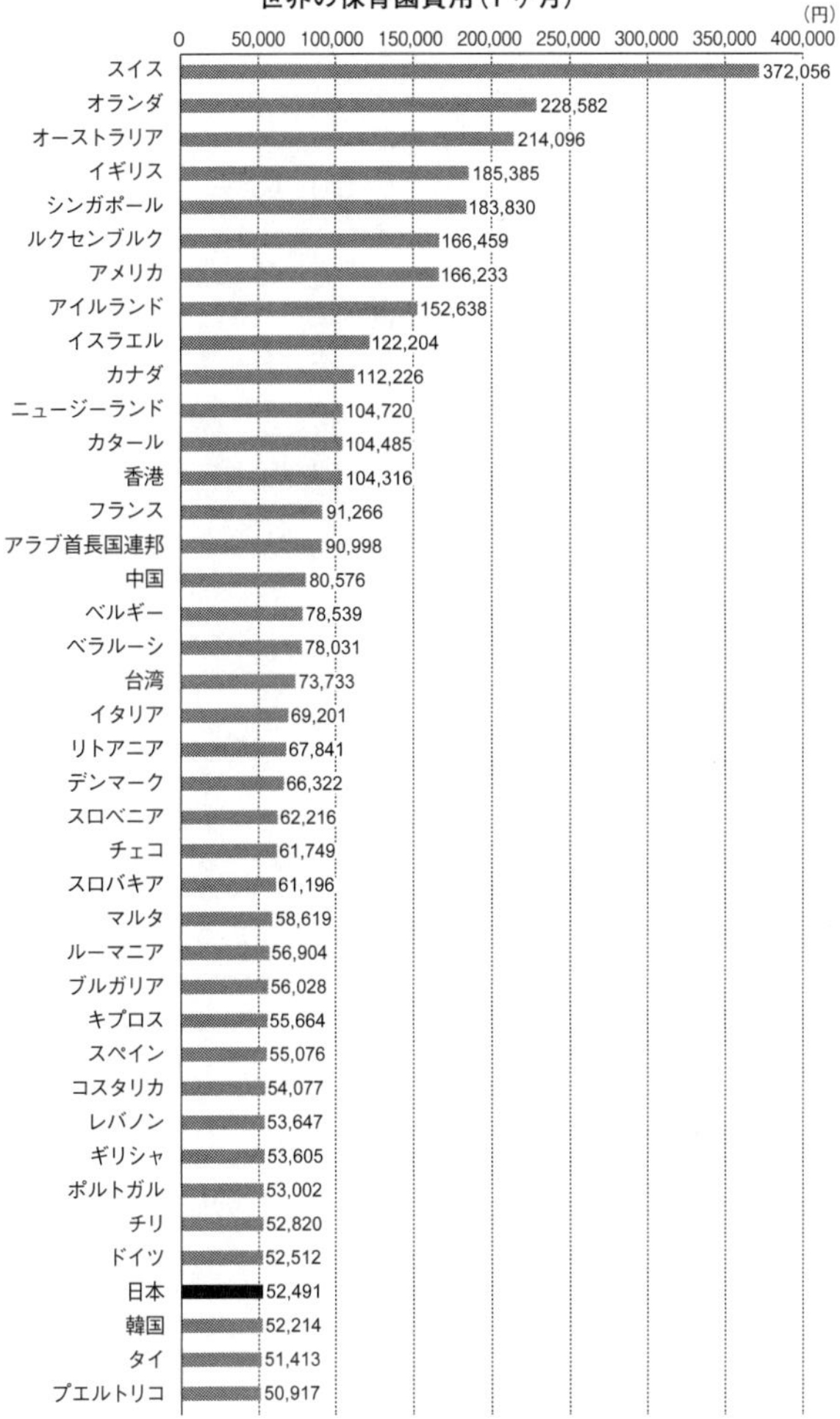
（円）
0
50,000
100,000
150,000
200,000
250,000
300,000
350,000
400,000
スイス 372,056
オランダ 228,582
オーストラリア 214,096
イギリス 185,385
シンガポール 183,830
ルクセンブルク 166,459
アメリカ 166,233
アイルランド 152,638
イスラエル 122,204
カナダ 112,226
ニュージーランド 104,720
カタール 104,485
香港 104,316
フランス 91,266
アラブ首長国連邦 90,998
中国 80,576
ベルギー 78,539
ベラルーシ 78,031
台湾 73,733
イタリア 69,201
リトアニア 67,841
デンマーク 66,322
スロベニア 62,216
チェコ 61,749
スロバキア 61,196
マルタ 58,619
ルーマニア 56,904
ブルガリア 56,028
キプロス 55,664
スペイン 55,076
コスタリカ 54,077
レバノン 53,647
ギリシャ 53,605
ポルトガル 53,002
チリ 52,820
ドイツ 52,512
日本 52,491
韓国 52,214
タイ 51,413
プエルトリコ 50,917

出典：OECD「Net childcare costs」

また、イギリスでも教育費は決して安くはありません。たとえば、都市部で子どもを保育園や幼稚園にフルタイムで通わせようと思うと、月に12万円から25万円かかります。教育熱心な幼稚園で私立の小学校に付属するところはだいたい20万円以上かかるというのが相場です。国からの補助金は子どもが小さいときは若干出るのですが、ほとんど私費になってしまい、かなり負担が大きいのです。

他の先進国も実は保育費用は高く、経済成長が著しい欧州北部の国々やアメリカ、イギリスなどは高額です。日本に近く費用が安いのがギリシャ、スペイン、ポルトガル、スペイン、デンマーク、ドイツやイタリアなど社会主義色が強い国です。日本の保育園や幼稚園の自己負担額は実はタイやプエルトリコ並みの価格で、なんと世界で37位です（69ページの表）。

ギリシャに住み、ロンドンで働く人たち

イギリスなどの経済成長を続けている国だと、賃上げがインフレ率に追いつかず、生活が苦しくなる人も出てきます。

そのため、こういう人たちは**物価や家賃が安いギリシャなどの国に住み、飛行機や自動車でイギリスまで通勤していたりします。**

これは15年ぐらい前から行われはじめ、今ではまったくめずらしくなくなりました。普段はギリシャやスコットランド、スペインなどに住んで基本的にはリモートで働き、大事な会議や特別なプロジェクトがあるときだけ、一時的にイギリスに滞在するのです。

そのため欧州では、ＬＣＣ（格安航空会社）や高速バスなどのサービスの需要が伸びました。もちろん、低賃金労働者が海外に出稼ぎに行くために安い交通手段を使うというのもあるのですが、海外に移住した人が通勤のためにこういった交通手段を使っています。

日本ではまだまだＬＣＣは旅行に使うというイメージが強いかもしれませんが、欧州ではすでに15年以上前から通勤などの多様な使われ方をされてきたのです。

日本でも、家賃の安い地方に住んで、必要なときだけ東京などに働きに来るというライフスタイルはできるはずですが、実践しているのはごくごく一部の人にすぎません。これは、**日本人の働き方がいかに固定化していて柔軟性がないか**を反映しています。

ここ数十年で日本はすっかり取り残されてしまったわけです。

欧州の北部地域は知識産業に注力し、さらに経済成長が見込まれますから富が蓄積し物価はどんどん上がっていきます。一方、停滞する国は物価も給料も上がりませんから、生活費を圧縮したい人々が住むのには最適な場所になっていきます。

彼らがどういう仕事をしているのかというと、エンジニアやメディア関係者、研究者など、知識産業です。

このような仕事はアウトプットさえ提供できれば自宅作業で問題ないため、リモートワークに向いています。最近は、ネットフリックスがオフィスでの勤務を奨励したりなど、出勤を求める組織も少なくないですが、一方でコスト削減のためにオフィスの規模を縮小したいという経営者もいるので、成果が見えやすい職種の人はこれからもリモートでの勤務が中心となるでしょう。

ちなみに私の知り合いだと、よくあるパターンとしては熟練したITエンジニアが半年ごとに国を転々としながら複数のプロジェクトで働いたり、研究者がいっぺんに3カ国の大学に所属し、学期ごとに違う国でオンライン授業をしていたりします。

ここまでに何度も紹介しているように、**日本も物価が安い国なので、今後はこうした人たちの移住先として選ばれるようになる可能性もあるのです。**

「光熱費が2倍」になったイギリス

ロシアのウクライナ侵攻により、先進国ではエネルギー価格が高騰しましたが、これも各国の物価高に大変な影響を及ぼしています。

たとえば、イギリスにおけるエネルギー価格上昇の主な要因は、卸売りガス価格の急激な上昇、サプライチェーンの混乱、再生可能エネルギーへの投資コスト増加などです。1つずつ、要因を深掘りしていきます。

2021年8月にはイギリスの卸売りガス価格は前年比で250％以上上昇しました。これは、世界的なガス需要の増加、ガス貯蔵量の減少、予測よりも低い風力発電量など、複数の原因があります。そして、多くのエネルギー供給業者が高い卸売価格を反映するために価格を引き上げているわけです。

次に、新型コロナウイルスのパンデミックはエネルギー供給チェーンにも影響を与え、再生可能エネルギープロジェクトの機器や部品の配送に遅れや混乱を引き起こしました。これにより、エネルギー会社には追加費用が発生し、それも消費者に転嫁されています。

最後に、イギリス政府の再生可能エネルギーへの移行推進もエネルギー価格の上昇に寄与しています。風力、太陽光、原子力などの再生可能エネルギー源への投資には、大幅な前払いコストが必要であり、それがエネルギー料金の高騰につながっています。

これらの価格上昇の影響を緩和するために、イギリス政府は温暖化家庭割引などを導入し、エネルギー料金を支払うのに苦労する世帯に財政支援を提供しています。また、エネルギー供給業者も、さまざまな料金プランや支払いオプションを導入して、消費者がエネルギー料金を管理できるようにしています。しかし、エネルギー料金があまりにも急激に上がっているために、生活苦に陥っている家庭が少なくないのです。

たとえば、**一般的な家族4人の家庭では、以前は光熱費が月に3万円程度だったものが、現在は6万円から10万円と「2倍以上」になっている家が少なくありません。**賃金がインフレ率ほど伸びていない家庭が増えていることを考えると大変厳しい状況です。イギリスでは賃金が年に2%も伸びない職業がかなり多いのです。これでインフレ率が10%を超え、つまりものの値段が1年で10%以上高騰していて、光熱費も倍額以上になっているわけですから生活が苦しくなって当然です。

これはイギリスだけではなく、欧州の他の国も似たりよったりで、私の知っている範囲だとオランダやフランスに住んでいる人で、光熱費が月に12万円以上になってしまったというお宅もありました。彼らは相当節制して生活しているのですが、それ以上に光熱費の高騰が家計を圧迫しているのです。

東大卒より「海外の介護士」のほうが稼げる？

ここまで、日本の物価がいかに安いか、そして、他の先進国ではどれだけ物価が上昇しているかを見てきました。しかし、日本が低迷しているのは物価だけではありません。前の章でも述べたように、「給料」もずっと低い水準のままなのです。

実はもうすでに、日本の若者が安すぎる給料に耐えかねて、海外に出稼ぎに行く流れが起きているのです。

NHKのニュース番組が海外に出稼ぎに行っている若者50人に取材をしています。そのうちのひとり、オーストラリアで介護のアルバイトをしている20代の女性は、1週間で22万円以上も稼いでいて、月収は最も多いときで80万円を超えていると言います。日本の介護職の平均月収は25万円程度なので、この女性は日本で働くより3倍以上も稼いでいることになります。月収80万円だと、年収は960万円にもなります。

ここで、日本で一番の大学である東京大学の卒業生の平均年収を見てみます。OpenWorkの2022年の調査によると、東大出身者の30歳時の年収は平均761万円です。つまり、**海外で介護職についているアルバイトの女性の年収が、東大卒の人の平均年収を200万円近くも上回っている**と考えられるのです。

日本で安い給料で働くより、海外に飛び出して稼ぎたいと思うのは当然ではないでしょうか。

データで見る「給料の安さ」

ここでさらに、データで日本の給料がいかに安いかを見ていきます。

79ページの上の表は国税庁の「令和3年民間給与実態統計調査」からの抜粋で、1年を通じて勤務した給与所得者1人当たりの平均年収をまとめたものです。給与所得者全体の平均年収は443万円で、男性は545万円、女性は302万円です。

この数字を国際比較してみます（左ページの下のグラフ）。

日本の2021年の平均年収は3万9711ドルで、約548万円（為替レート変動の関係で国税庁のデータとはずれがあります）になります。これは、グラフを見ればわかるようにOECD諸国の中でも下位です。OECD諸国の平均5万1607ドル（約712万円）に比べはるかに低く、70％程度の水準です。

また、第1位のアメリカは7万4738ドル（約1031万円）を超えているのにもかかわらず、日本の平均年収はアメリカのたった53％しかありません。

もちろん、アメリカのように経済格差が激しい国は、一部の超高所得者が平均を引き上げているので、低賃金の人がいないというわけではありません。とはいえ、日本とは2倍近くの開きがあるので、多くのアメリカ人が日本人よりも高い給料を得ていると考えられます。

さらに驚くべきことに、**日本の平均年収は今や韓国より少なくなってしまっています。**韓国は4万2747ドル（約590万円）で日本の平均年収は韓国より10％近く

日本の平均年収（2021年）

年齢	平均年収	年齢	平均年収
19歳以下	133万円	45 ～ 49歳	504万円
20 ～ 24歳	269万円	50 ～ 54歳	520万円
25 ～ 29歳	371万円	55 ～ 59歳	529万円
30 ～ 34歳	413万円	60 ～ 64歳	423万円
35 ～ 39歳	449万円	65 ～ 69歳	338万円
40 ～ 44歳	480万円	70歳以上	300万円

給与所得者全体の平均年収	443万円
男性の平均年収	545万円
女性の平均年収	302万円

出典：国税庁「令和3年民間給与実態統計調査」

OECD各国の平均年収（2021年）

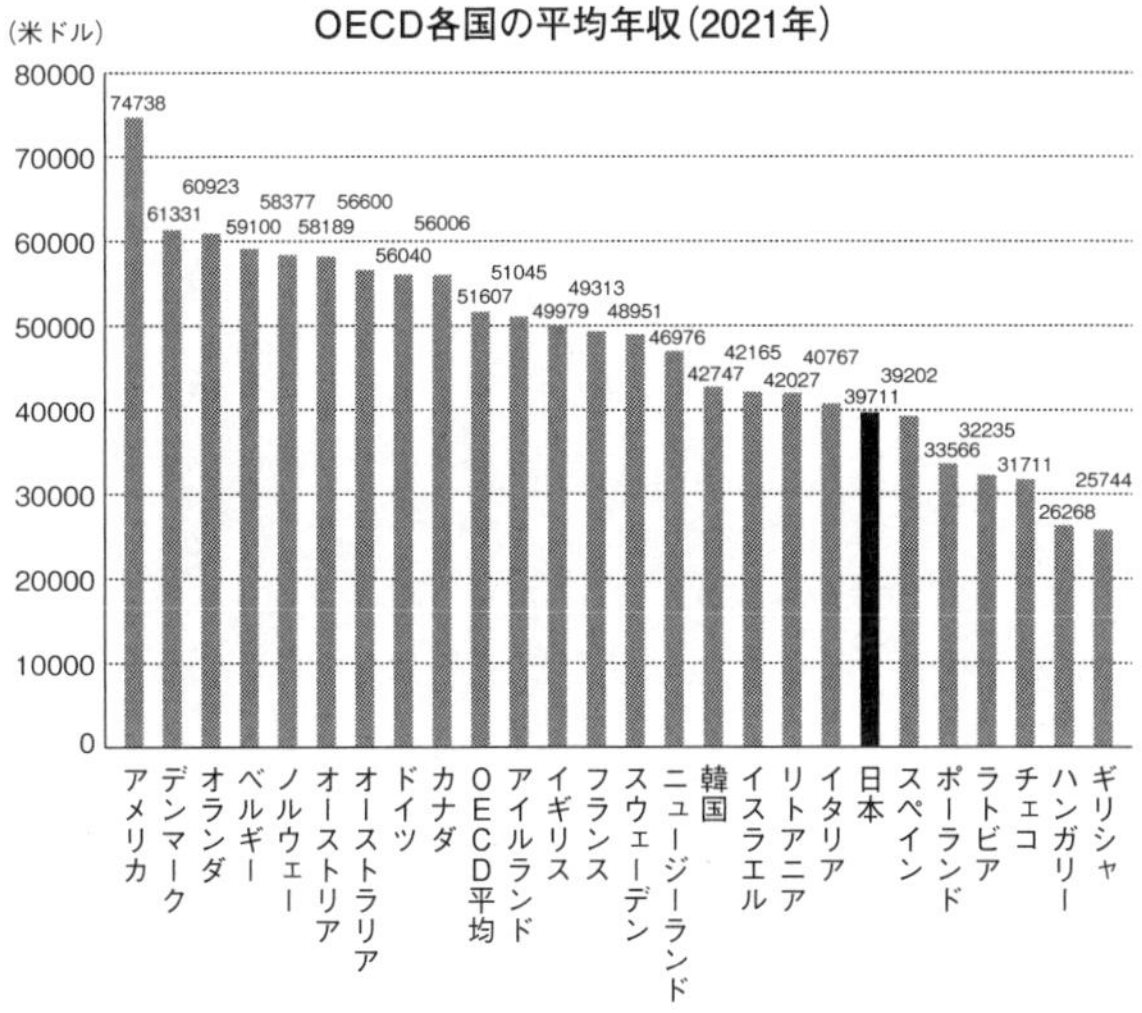

出典：OECD (2023), Average wages (indicator). doi: 10.1787/cc3e1387-en

も低いわけです。

もっと言うと、日本の平均年収はバルト三国のリトアニアや、経済が停滞しまくりのイタリアにも負けています。日本よりも平均年収が低いのは、スペインやギリシャなどの経済が停滞している国か、ポーランドやチェコ、ハンガリーといったかつての共産圏の国ぐらいです。


ＯＥＣＤのデータは各国の公式な統計を反映していますから、どの国の数字もある程度は信頼できます。

「平均年収」というデータはその国がどれだけ豊かかを見る指標の1つになりますが、日本が停滞している間に、他の国は随分と成長していたということがよくわかります。

日本以外の国のデータをもう少し深掘りしてみます。

平均年収が高い国を見ると、デンマークやオランダ、ベルギーといった欧州の比較的規模が小さな国が多いことに気づきます。こうした国々がドイツやフランスより平均年収が高いというのはかなり意外なのではないでしょうか。

たとえば、デンマークは人口が540万人しかいません。これは兵庫県と同じくらいの人口です。東京都の人口は1400万人を超えますが、デンマークの首都コペンハーゲンの人口は59万人にすぎません。

しかし、平均年収は6万1331ドル、約846万円にもなります。

こういった国々は日本と同様に、国土面積が小さく、資源があるわけでもないのに、ここまで豊かになっているというのは、注目するべきポイントでしょう。

成長していないのは「日本だけ」

今の日本が世界各国と比べて、給料が安いことはわかりました。それでは、かつての平均年収はどうだったのでしょうか。

バブル崩壊直後の1991年におけるOECD諸国の平均年収を見てみましょう

（左ページの上のグラフ）。

データが揃わないため、２０２１年とは違って旧共産圏の国々はこのグラフには含まれていませんが、主要先進国の当時の平均年収はわかるので、それらの国々が約30年で平均年収がどれくらい上がっているかを確認することができます（左ページの下のグラフ）。**ＯＥＣＤ平均では１９９１年から２０２１年までに平均年収は１・35倍になっています。**30年間で30％以上伸びているわけです。

１９９１年当時の１位であったオランダは5万４０７１ドルで、約７４６万円に相当します。２位のスイスもだいたい同じぐらいです。オランダは現在の平均給料が８４０万円ぐらいなので、30年間で12・７％伸びたことになります。ＯＥＣＤ平均よりは伸び率が低いですが、元々の平均年収が高いので、まずまずでしょう。

驚くべきことに、現在1位のアメリカは実は当時は4万９１２１ドルで、６７８万円ほどです。オランダやスイスよりも平均年収が低かったのです。しかし現在のアメリカの平均年収は約１０３１万円で世界一で、伸び率は52％にもなっています。これ

OECD各国の平均年収（1991年）

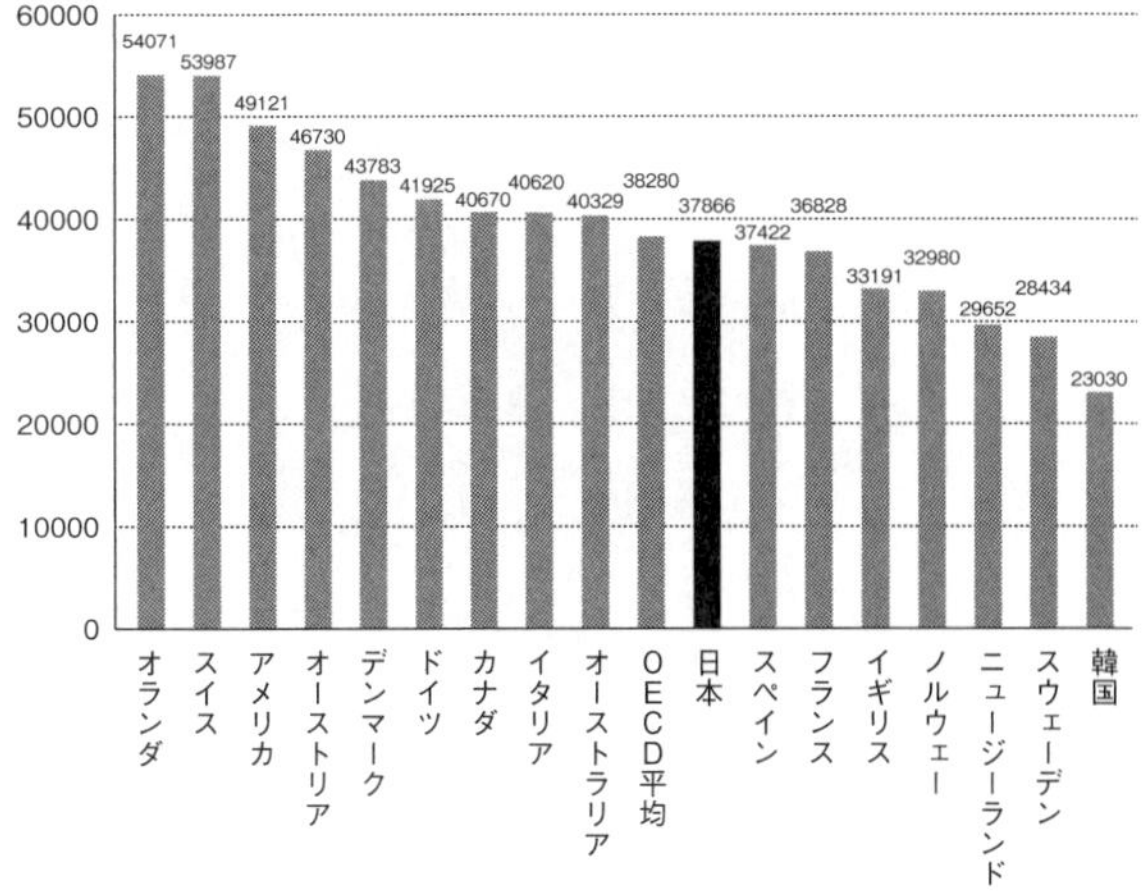

出典：OECD (2023), Average wages (indicator). doi: 10.1787/cc3e1387-en

OECD 各国の平均年収の変化（1991 年と 2021 年）

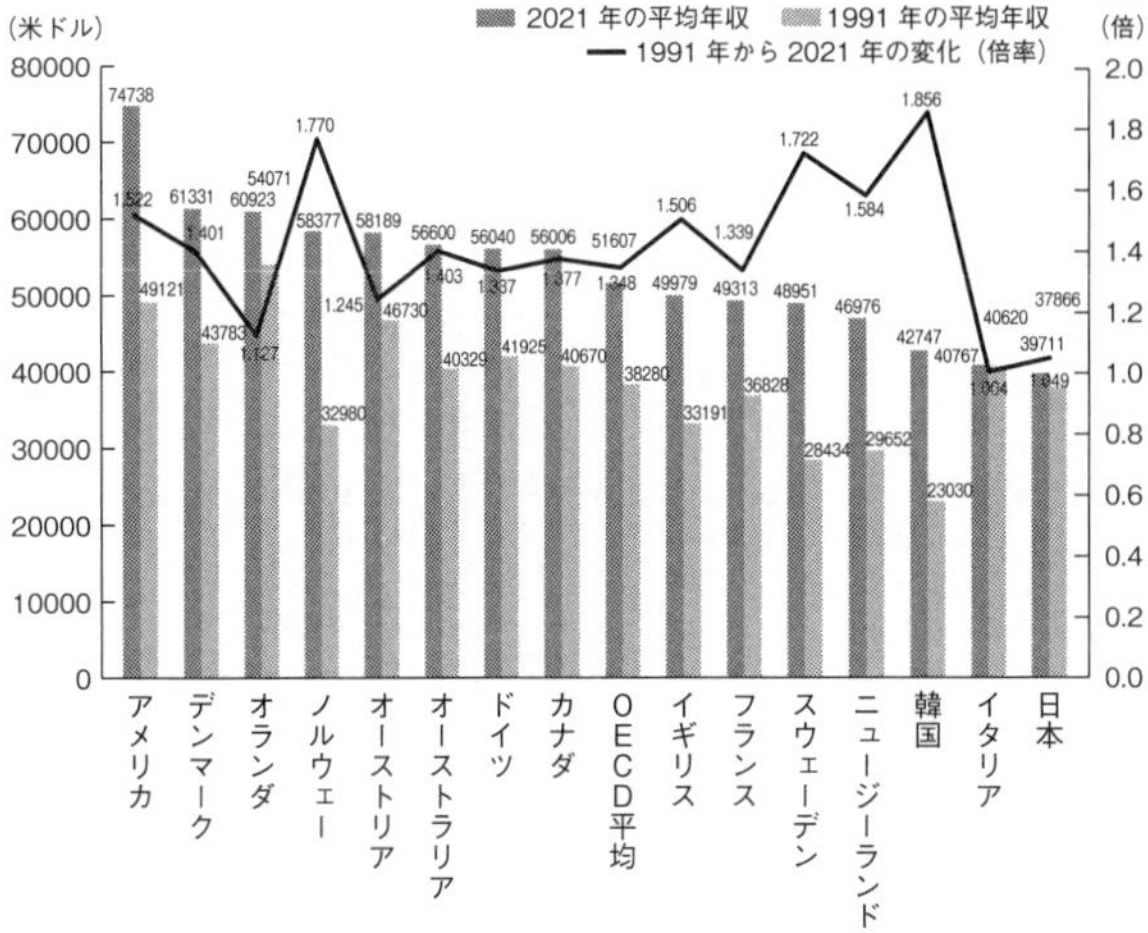

出典：OECD (2023), Average wages (indicator). doi: 10.1787/cc3e1387-en

を見ると、アメリカがどれだけ成長したかということがよくわかります。アメリカはITや半導体など、付加価値が高い産業に注力し経済を大きく伸ばしたことがここ30年の成果につながっていると言えるでしょう。

アメリカよりも平均年収は低いのですが、イギリスもここ30年間で平均年収が1・5倍ほどになっています。いまだに「イギリス病」のイメージが強い人が多いのかもしれませんが、最近は情報知識産業やバイオの分野などで世界的に存在感を増しています。また、金融業も「Brexit（イギリスのEU離脱）」で影響を受けたとはいえ、まだまだ欧州の中心地で、高所得の人が多い業種です。

そして、**最も成長が目覚ましいのが韓国です。ＯＥＣＤ加盟国の中では伸び率が最も大きく、なんと1・86倍になっています。**韓国はここ数十年で街の様子がガラッと変わり、全体的にかなり豊かになりましたが、それがこういった統計にも出てきているわけです。

また、ノルウェーの成長も非常に注目すべきところです。ここ30年で平均年収は1・

77倍になっていて、韓国に次いで大きな伸びが見られる国です。

ノルウェーは国の規模としては小さいものの、日本とは違って資源があり、ここ最近の資源高が豊かさをもたらしています。

欧州の代表国ドイツとフランスもOECD平均ぐらいの伸び率を記録しています。

ドイツは以前から欧州一の工業国として外貨を稼ぎ、エネルギー政策では「脱原発」を完了させたりなど、かなり大胆なことをやっています。古いままのようで、新しいことに挑戦し続ける非常に興味深い国です。

また、フランスと聞くと、どうしてもブランド品や観光産業をイメージするかもしれません。しかし、フランスは世界有数の農業大国であり、防衛産業や原子力開発でも世界トップクラスの工業国でもあります。

このように、**主要先進国が非常に堅調な成長を遂げる中で、成長率の低さが際立っているのがイタリアと日本**なのです。

グラフからわかるように主要先進国の中でイタリアと日本だけがこの30年余りの間に平均給料がほとんど伸びていません（日本は1・05倍、イタリアは1・004倍）。

つまり、この30年間、両国は経済的にかなり停滞しているのです。

専門職の給料さえ激安

日本の給料がここ30年でほとんど伸びていないことはわかりましたが、もう少し具体的に分析するために「業種別の年収」を見てみます（左ページの上の表）。

たとえば、情報通信産業の年収は624万円で、全体の平均（443万円）を大きく超えています。

ところが、これを他の先進国と比較してみると非常に驚くべきことがわかります。

アメリカの労働統計局が発表している2021年のデータによると、アメリカの情報通信産業に従事している専門職の平均年収は9万9860ドル（約1378万円）でした。**アメリカの情報通信産業の平均年収というのは、日本と750万円以上の開きがあるのです。**

日本の業種別年収（2021年）

業種	平均年収	業種	平均年収
電気・ガス・熱供給・水道業	766万円	不動産業、物品賃貸業	426万円
金融業、保険業	677万円	運送業・郵便業	425万円
情報通信業	624万円	医療・福祉	407万円
学術研究・専門・技術サービス業、教育・学習支援業	521万円	卸売業・小売業	377万円
製造業	516万円	サービス業	369万円
建設業	511万円	農林水産・鉱業	310万円
複合サービス事業	494万円	宿泊業・飲食サービス業	260万円

出典：国税庁「令和3年分民間給与実態統計調査」

アメリカの情報通信産業の職種別年収（2022年）

職種	平均年収	職種	平均年収
プロダクトサポートスペシャリスト	71,139ドル（981万円）	ネットワーククラウドエンジニア	118,750ドル（1628万円）
デスクトップサポートスペシャリスト	76,221ドル（1051万円）	DevOpsエンジニア	120,750ドル（1663万円）
ハードウェアアナリスト	85,579ドル（1180万円）	サイトレライアビリティエンジニア	119,011ドル（1642万円）
システムアドミニストレーター	99,399ドル（1371万円）	ネットワークセキュリティエンジニア	117,636ドル（1622万円）
システムアナリスト	109,531ドル（1511万円）	ビッグデータエンジニア	121,484ドル（1676万円）
スクラムマスター	109,071ドル（1511万円）	セキュリティアーキテクト	166,919ドル（2304万円）
クラウドコンピューティングスペシャリスト	100,981ドル（1391万円）	ネットワーククラウドアーキテクト	132,860ドル（1833万円）
データベースアドミニストレーター	103,977ドル（1431万円）	情報セキュリティマネージャー	127,895ドル（1764万円）
システムエンジニア	109,392ドル（1509万円）		

出典：Glassdoor「2022年8月調査」

さらに、アメリカの情報通信産業は日本よりも細分化されていて、職種によって給料が大きく異なってきます。日本の場合は、職種によってそれほど給料は変わらないですが、アメリカは職種ごとの需要と供給によって大きく報酬が変わってくるのです。

前ページの下の表はアメリカの職種別の平均給料です。これを見ると、一番平均年収が低い「プロダクトサポートスペシャリスト」でも1000万円弱になっています。最も高額な「セキュリティアーキテクト」だと、なんと平均年収は2304万円です。アメリカでは需要がある職種に就くと、これほどまでに高収入を得ることができるのです。

また、主要都市部のIT系業種の平均年収も驚くような金額です（左ページの表）。主要都市であれば、どこでも平均年収は1000万円を超えているのです。最も高いシリコンバレーでは平均年収は1838万円とかなり高額です。

2022年以後も引き続きアメリカの人件費は上昇しており、特に情報通信産業は人不足で平均給料は今後も伸びていく予測です。労働統計局の予測では2019年か

アメリカの主要都市部別のIT業種平均年収(2021年)

都市	平均年収	都市	平均年収
シリコンバレー	133,204ドル(1838万円)	シカゴ	106,537ドル(1470万円)
シアトル	118,729ドル(1638万円)	ダラスフォートワース	106,113ドル(1464万円)
ニューヨーク	115,510ドル(1594万円)	ヒューストン	100,341ドル(1380万円)
ボストン	114,959ドル(1586万円)	デトロイト	99,376ドル(1371万円)
サンディエゴ	114,801ドル(1584万円)	ピッツバーグ	98,304ドル(1356万円)
デンバー	114,096ドル(1574万円)	タンパ	97,098ドル(1339万円)
ロサンゼルス	113,658ドル(1568万円)	セントルイス	95,241ドル(1314万円)
バルチモア・ワシントンDC	112,697ドル(1555万円)	クリーブランド	95,120ドル(1312万円)
オースチン	109,176ドル(1506万円)	マイアミ	92,004ドル(1269万円)
アトランタ	107,515ドル(1479万円)	フェニックス	91,105ドル(1257万円)
ポートランド	107,185ドル(1479万円)	コロンバス	86,375ドル(1191万円)
フィラデルフィア	106,725ドル(1472万円)		

出典:Glassdoor 2022年8月調査

ら2029年のソフトウェア開発者、品質管理者テスターの需要は増えていき、21%から26%の増加となる見込みです。さらにセキュリティの専門家の需要は40%も伸びる予測なのです。

アメリカ労働統計局は特に需要が伸びる職種はソフトウェア開発者、データベースアーキテクト、コンピューターと情報の研究者と予測しています。

さまざまな職種の給料比較

ＩＴ業界のような高収入の業種だけではなく、海外では他の産業の給料水準も日本より高くなっています。

たとえば日本でよく話題になるサービス業の時給は他の国だとどうなのでしょうか。

左ページの上の表はイギリスの大手求人サイトである「Indeed」が膨大な求人情報の中から収集した、サービス業に従事している人の時給です。政府の経済統計よりも最新の細かいデータです。これを見ると、**どの仕事の時給も１７００円から１９５０円程度と日本より高め**であることがわかります。

イギリスのサービス業時給（2023年）

職種	平均時給	職種	平均時給
ウェイター・ウェイトレス	10.13ポンド（1752円）	清掃員	10.37ポンド（1804円）
倉庫作業員	11.26ポンド（1947円）	介護補助員	11.22ポンド（1941円）

出典：https://uk.indeed.com/career/salaries

イギリスの職種別年収（2023年）

職種	平均年収	職種	平均年収
電気工事士	38,581ポンド（671万円）	薬剤師	47,555ポンド（821万円）
一般事務	21,599ポンド（375万円）	トラック運転士	40,570ポンド（705万円）
小学校教員（公立）	27,122ポンド（471万円）		

出典：https://uk.indeed.com/career/salaries

さらに、イギリスの職種別の平均年収をまとめたのが下の表です。

一般事務や小学校の教員は日本とあまり変わりませんが、電気工事士の年収が671万円、トラック運転士が705万円と、日本よりかなり高めです。

イギリスも日本と同様に人手不足に悩んでいて、特に専門的なスキルが必要な仕事を若い人がやりたがらないので、人手が足りません。

Brexitでポーランドをはじめ EU圏内の多くの人が帰国してしまったのも大きな打撃でした。

また、コロナの最中に多くの人を解雇し

てしまったこともあり、人手不足に拍車がかかっています。

こういった理由で熟練労働者の賃金が非常に高くなっているわけです。電気工事士やトラック運転士の平均年収が高くなっているのも、その傾向が表れているわけです。その一方で、一般事務や教員、公務員の賃金は低いままです。

これはイギリスをはじめとした先進国というのは報酬体系の設計が日本とは異なるためです。

アメリカでは年収1000万円でも「低所得」

日本では「年収1000万円」が高所得のラインとされています。しかし、これは日本特有の感覚です。他の先進国では非常に物価が高騰していて、経済も成長しているので、「どれくらいの年収が高所得か」というのも日本とは大きく異なっているのです。

たとえば、アメリカ政府は家族4人で世帯年収が3万1000ドル（約430万円）を下回る家庭を超低所得層としています。また、低所得者向け住宅入居資格があるのは、家族4人で世帯年収が3万6000ドルから5万2150ドル（約497万円から約720万円）の家庭です。

厚労省が2021年に発表した「国民生活基礎調査の概況」によると、日本の世帯平均年収は564・3万円なので、日本の平均的な家庭がアメリカでは「低所得層」とみなされてしまうわけです。

ただ、アメリカは州によって収入格差が大きいため、経済的に豊かな地域では定義ががらっと変わります。

アメリカの住宅都市開発省によれば、2018年におけるサンフランシスコの低所得者の定義は家族4人で世帯年収が11万7400ドル（1620万円）を下回る家庭です。なんと**年収1000万円を超えていても**「低所得」なのです。

このような驚くべき定義が行える理由はサンフランシスコのような大都市は物価が高騰しているからです。たとえば、家族4人が住むのに最低限2LDKぐらいは欲しいという人が多いと思いますが、この間取りのマンションの賃料は月に3000ドル（41万円）を超えます。日本最大手の物件情報サイト「SUUMO」の調査によると、東京都港区における2LDKの物件の平均賃料は37万円ですから、ロサンゼルスよりも10％近く安くなっています。

実際、アメリカ人は年収1000万円以上でも不安を抱えているという調査結果があります。個人資産会社の「Personal Capital」と市場調査会社の「Harris Poll」が2021年に2000人以上のアメリカ人を対象に行った調査によると、「アメリカ人が家計は健全だと感じるには平均12万2000ドル（約1684万円）の年収が必要」だという結果が出ました。もはやアメリカでは年収1000万円では安心ができないのです。

日本では以前、小室圭さんと眞子《まこ》さんが住むニューヨークのマンションの家賃が60万円を超えていると報じられ、高すぎると話題になりました。実は、現在のアメリカの大都市では月60万円はそれほど高級な水準ではありません。むしろ、私の住むイギリスでは、プリンセスがそのような住宅に住むということで「なんて質素倹約をしているロイヤルなんだ」と大変驚かれていました。

また、私の夫は日本に滞在時に、街で配っていた不動産のチラシを見て、怪訝《けげん》な顔をしていました。何が不思議なのか尋ねてみると、次のような答えが返ってきました。

「ここには、不動産購入者のモデルケースとして、夫の年収が750万円、妻は専業主婦、子どもは2人という家族構成が書かれている。子どもが2人いるのに、年収が750万円しかないと、生活はとても苦しいはずだ。これは生活困難な層の実例として挙げられているのか」

つまり、イギリス人の夫にとっては、世帯年収750万円で子どもが2人いる夫婦は貧困層という感覚なのです。広告のチラシ1つとっても、日本と海外では、もはや常識が異なってしまっていることがわかる例だと思います。

このように、日本以外の先進国は物価も給料も上昇し続けています。日本にいるだけではあまり気づかないかもしれませんが、物価も給料も30年以上低迷し続けている日本の現状は、他国から見ると、異常に映るのです。

高すぎる「国民負担率」の闇

給料が上がらない分、社会保障を充実させるべきだと言う人もいますが、そういった発言には1つ欠けている視点があります。日本の借金（国債残高）はすでに1000兆円を超えていて、今後も財政が健全化する見込みはありません。そのような状況で、社会保障を充実させるには「税収を増やす＝増税する」しかありません。つまり、社会保障を手厚くすると結局、地方税や所得税、社会保険料が上がり、国民の負担が大きくなってしまうのです。

財務省の発表だと、2022年度の国民負担率は47・5％です。国民負担率とは、国民の所得に占める税金や社会保険料などの負担割合のことです。日本国民は所得の約半分も負担を強いられているわけです。

この発表を受けて、Twitterでは「五公五民」（江戸時代の農民の年貢割合）がトレンド入りしました。**日本人は今、江戸時代の農民が領主に取り立てられていたのと同じぐらいの負担を強いられているのです。**

まともな経済学者やアナリストは増税には反対の立場の人が多いのです。なぜなら、増税後、国民の生活が厳しくなり、経済がさらに落ち込んでしまうためです。給料が上がらない日本で、これからさらに増税により負担が増えれば、もはや生活は成り立ちません。給料は安いけれど、税金・社会保険料は高い国。それが日本の現状なのです。

第3章

日本が売られる5秒前

財布に優しい国「ジャパン」

実は、外国の人々は日本人以上に「日本の激安さ」に気がついています。

彼らは日本をお得に買い物ができる国とみなし、「日本を買う」ために大挙して押し寄せているのです。

日本が安いのは、ホテルの宿泊費や飲食費だけではありません。たとえば、**多くの外国人が買っているのが「不動産」**です。

日本のみなさんにはあまり実感がないかもしれませんが、海外の人は自国以外の不動産も投資目的や居住目的で買っています。

特に中流階級以上の人だと、余剰資金を貯金や株式投資に回すのではなく、海外の不動産を買っています。

たとえば、これを非常に盛んにやっているのが北米や欧州北部の人々です。こういった国々の不動産というのは日本に比べて寿命が長いので、中古の不動産を買い、それを賃貸に出して家賃をもらい、将来的にそれを転売して老後資金にすることが割と一般的です。

また、子どもが進学する際に大学の近くの不動産を買い、在学中は子どもに住んでもらい、卒業後は他の学生さんに貸し出して賃料を得て、子どもの独立用の資金にしたりします。

日本の感覚だとずいぶんリスクの高くて面倒くさいことをやるなという感じですが、なぜ、これらの国で不動産投資がめずらしくないかと言うと、中古でも不動産の値段がどんどん上がっているからです。

海外の多くの国では、日本と違って新築の家を建てる規制が厳しいので、家の数があまり増えません。なので、中古の不動産を買って住む人が大半になるので、中古の不動産取引が活発なのです。

また、アメリカは木造の家が多いのですが、乾燥しているので、湿気の多い日本よりは家が劣化しません。また、家の構造も日本よりは単純ですから修理がしやすかったり、持ち主が変わってもそのまま住みやすかったりします。

欧州北部の場合は、家の構造が日本とはまったく違い、石やレンガを積み上げることで骨組みができています。

こういう骨組みの上に漆喰《しっくい》を塗り、床には腐食しにくい分厚い木材をはります。なので、何十年どころか何百年ももつという家もあります。

一方、日本だと、特に戦後急ピッチで建てられた木造の家屋は、安い木材が使われていることが多く、30年もすると大幅な修繕が必要になります。屋根が剥がれてきたり床が抜け落ちたりするので、修繕費に数十万円から数百万円かかることがめずらしくありません。

修繕だけで済めばよいですが、建て替えが必要になってしまうこともあり、その場合は数千万円の費用がかかります。

北米や欧州の家というのは〝消費期限〟が短い日本の家のつくりとはまったく違う

ので、中古市場が活発になるわけです。

彼らは不動産を投資のポートフォリオの一部に考えるので、海外のよさそうな物件もよく見ています。投資価値があると思うものは積極的に購入して自分の資産にするわけです。

発展途上国も日本の不動産を買っている

また、先進国だけではなく、発展途上国の人々も海外の不動産を買います。

特に、彼らが欲しがるのが先進国の不動産です。なぜかというと、先進国では法律が整備されているので、自分の持っている不動産を他人に不法占拠されたりするリスクが低く、安全だからです。

これは反対に言うと、発展途上国では自分の買った家なのに他人に勝手に乗っ取られてしまうかもしれないということです。

しかも、土地を所有できるのは国だけで、一般の人は所有できないというルールがある国もけっこうあります。つまり、土地の所有権がないわけです。

その割には、不動産の建築にはさまざまな規制があるので数が多くありません。したがって価格がどんどん上がってしまうのです。工事も手抜きがひどく、汚職も横行しているので不動産の質もかなり微妙です。

そこで、**きちっとルールが整備されていて、品質も保証されている先進国の不動産を欲しがるわけです。**加えて、こうした国々では政変や内乱が起こる可能性も低く、資産価値がいきなり暴落するリスクも抑えられます。

家も土地も〝無制限に〟買い放題

先進国も発展途上国も海外の不動産を求めていますが、それではなぜ、数ある国の中で日本の不動産を買うのでしょうか。彼らが日本の不動産を買う理由の一つは、規制が他の国に比べてかなり緩いことです。**日本では基本的に、外国人が不動産を売買することや所有することに関して禁止事項がほとんどなく、日本人と同じように売り買いができます。**

なぜ、そうなっているかというと、日本は土地や建物の売買・所有に関しては自由主義の立場を取ってきたからです。売買も所有も自由にしておけば、日本の土地や建物に投資したい外国人も活発に取引を行ってくれます。

たとえば、外国企業が日本に工場やショッピングモールをつくったり、外国人が投資用にマンションを購入したりしてくれれば、日本経済にとってはメリットがあります。

日本は1994年に「GATS（General Agreement on Trade in Services：サービス貿易に関する一般協定）」という国際協定に参加しています。これは「世界貿易機関を設立するマラケッシュ協定（WTO協定）」の一部で、簡単に言うと、参加国では規制を少なくし、自由に取引をできるようにしましょうという決まりです。

この協定では「日本人と外国人の待遇に格差を設けてはならない」となっています。協定を結んだときに日本政府が土地と建物には不適応とすればよかったのですが、外国からお金を集めることを優先したのでそうはしなかったのです。

なので日本では、他の国のように外国人が土地や建物を買う場合、

・国籍や永住権を持っているか？
・日本に実際に住んでいるか？
・日本で実際にビジネスをやっているか？

などといった条件がないわけです。

外国人が日本で不動産を買うときには、日本人が買うときと同様に登記します。また、所有権の期限はなく、売買・贈与・相続も可能です。所得税や固定資産税といった税金も日本人と同じです。

一方で海外の場合は、日本のように自由ではありません。

中国をはじめとした多くのアジア諸国では、外国人だけではなく、その国の人も土地を所有することができません。

これは他の国でも同じです。

たとえばイギリスだと、一部の土地や建物を除いてすべて王室・貴族が所有しているので、基本的には借地権を取引することになります。

イギリス人も外国人も平等に借地権の取引を行うことになっていて、借地権は数年程度から999年契約などと大きな幅があります。10年程度の短い借地権だと、不動産価格はかなり下がります。

また、東南アジア諸国では、外国人が不動産を取得することはできるものの、以下のような規制があります。

・外国人価格で買わなければならない
・新築のみ買うことができる

・マンションの外国人の部屋保有割合を規制している
・現地の国籍を持つ人と法人をつくって、共同所有でなければならない

こういった規制に比べると、**日本の外国人に対する不動産所有は実にオープンで自由なのです。**

「日本の無人島」を買った中国人

実際に、日本の土地を外国人が買ったことが話題になることも増えてきています。

2023年2月、中国人の女性が沖縄本島の北に位置する無人島「屋那覇島《やなはじま》」を3年前に購入していたことを明かし、海岸で遊んだり、森の中を歩き回ったりする様子をSNSで公開しました。この女性は山東省出身の34歳で、彼女の家は不動産業と金融業を営んでいるそうです。中国メディアの取材に対し、親族の会社名義で島の5割程

度の土地を購入したと説明しています。

女性は「美しい景色を共有するために投稿した」とのことですが、沖縄の離島という性質上、どうしても領土問題・安全保障問題を想起させます。彼女のSNSには、「中国の領土にできますね」「中国軍が行くには便利な場所ですか?」といったコメントもつきました。

そうした懸念を受けて、官房長官が記者会見で「法律には違反していない」としたうえで、「動向を注視する」と発言しました。

沖縄のような安全保障上の重要な地域でさえ、外国人が買えてしまうのですから、都内のタワーマンションなどはより簡単に購入できてしまうでしょう。

ついに外国人所有の規制がつくられた

しかし、ここに来てやっと日本政府は重い腰を上げ、外国人による土地の購入と所有に関して規制を設け始めました。

２０２１年６月には「重要施設周辺及び国境離島等における土地等の利用状況の調査及び利用の規制等に関する法律」という法律が成立しています。

この法律では、自衛隊の基地や原子力発電所といった重要な施設、離島など国境に近い場所の土地を買う人に対して、国が名前や国籍を調査できるというものです。購入者だけではなく借りる人の名前や国籍を調べることも可能です。

特に重要な地域は「特別注視区域」と呼ばれていて、買う人の名前や国籍などを事前に届け出なければなりません。


現在規制されているのは自衛隊関係の施設周辺など５００カ所以上です。意外と数が多いので驚くのではないでしょうか。

規制地域で日本の安全保障を犯すような行為があった場合は、国が土地や建物の利用を中止できます。安全保障を犯すような行為というのは、たとえばスパイ行為とか破壊行為、水道や電線を壊す、道路を封鎖する、デモ活動、妨害電波を出すといったものですが、判断は国に委ねられています。

また、虚偽を申し出ることや届け出の通りに土地を使わないことも禁止されています。禁止事項を破った場合、2年以下の懲役や200万円以上の罰金が課せられます。

「外国人に土地を買わせるべき」だと主張する人たち

日本政府は、この規制を安全保障に対する脅威に対抗するために実施しています。端的に言うと、近年日本の土地を買いあさっている中国に対する対抗策です。

ところが、この規制もかなり問題があり、外国人の土地の取得自体を完全に禁止しているわけではないわけです。

条文をよく読むとわかりますが、あくまで規制対象地域を購入しようとする外国人に対して調査を行う、使用禁止の命令を出すことができる、場合によっては国が買い上げを行うことが定義されているので、外国人に対して土地を売ることを禁止してはいません。

一方で、この法律に対して、立憲民主党や日本共産党、弁護士会などが「私権を制限する」という理由で反対してきましたが、海外の先進国は類似する法律があることが多いので、このような法律を施行するのはごく当たり前のことです。反対する人々は日本の安全保障よりも「私権を制限する」というよくわからない理由を優先しています。

つまり、彼らは、日本に安全保障上の危機が及ぶ可能性があっても、外国人が自由に土地を売買することを許しましょうということを言っているわけです。

「激安物件」ばかりのニッポン

外国人が日本の不動産を買うもうひとつの理由は大変シンプルです。他の国に比べてとにかく値段が安いからです。

カナダでは2022年に不動産の値段が1年前と比べてなんと27%も上がりました。特に値上がりがすさまじいのが、西海岸のバンクーバーで、2010年には5000万円ほどだった4LDKの2軒長屋（イギリスとカナダでよく見られる住宅の形式で2軒の家が1つの建物になっている）が2020年にはなんと2億円になってしまったのです。

それでは、他の主要都市の住宅価格はどのようなものか見てみましょう。

北米の組織が行った「Demographia International Housing Affordability」という調査では、各国の主要都市で「その国の収入中央値（中所得者）の人がなんとか買える住宅」はどのぐらいあるかを調べています。

中所得者向け住宅の負担可能性は「負担可能なもの」から「深刻に負担しづらいもの」までの4つのカテゴリで評価されます（次ページの表）。所得者の収入は「収入の中央値」で表されていますから「平均」とは違います。その国のちょうど中間ぐらいの収入を得ている人の年収ということです。

許容度	住宅負担率 （住宅中央値を収入中央値で割った数字）
Affordable（負担可能）	3.0以下
Moderately Unaffordable（なんとか負担可能）	3.1 ～ 4.0
Seriously Unaffordable（かなり負担しづらい）	4.1 ～ 5.0
Severely Unaffordable（深刻に負担しづらい）	5.1以上

出典：https://urbanreforminstitute.org/wp-content/uploads/2023/03/Demographia-International-Housing-Affordability-2023-Edition.pdf

この調査では、その年の住宅中央値を収入中央値で割った数字を「住宅負担率」として用いています。これは、中間レベルの収入の人が年収の何年分でその都市の家を買うことができるかということです。日本でも年収の4年分とか5年分程度の家であれば住宅ローンを借りられるといった「年収倍率」という指標が使われますが、それとほぼ同じものです。

他の先進国では日本と違い、住宅ローンの期間が非常に短く、20年や25年で返すようになっています。日本のように35年ローンや2世代ローンを組んだりすることはありません。なので、最大で年収の4倍ぐらいの値段の住宅が適当だと言われています。

住宅市場は都市圏の需給が一番大きくなります。また、そうした地域は労働市場も活発です。不動産取引が活発で、適切な報酬が労働者に払われている都市なら、中所得世帯の多くが中

世界の都市部の住宅負担率（2022年）

国名	負担可能	なんとか負担可能	かなり負担しづらい	深刻に負担しづらい	総計	中央値
オーストラリア	0	0	0	5	5	8.2
カナダ	0	1	1	4	6	5.3
香港	0	0	0	1	1	18.8
アイルランド	0	0	0	1	1	5.1
ニュージーランド	0	0	0	1	1	10.8
シンガポール	0	0	0	1	1	5.3
イギリス	0	0	10	13	23	5.3
アメリカ	0	12	18	26	56	5.0

出典：https://urbanreforminstitute.org/wp-content/uploads/2023/03/Demographia-International-Housing-Affordability-2023-Edition.pdf

間価格帯の住宅を手頃な価格で購入することが可能です。これは日本を含め、多くの国で数十年前まで当たり前でした。

上の表は世界各国の住宅価格が負担可能かどうかを示した表です。表の中の数字は、各国の都市部の住宅負担率が4つの指標のどれに該当するかを示したものです。

驚くべきことに、**この調査で調べた都市のほとんどで住宅価格が「負担可能」ではなかったという結果が出ています。**収入中央値と比べて4倍から5倍の住宅中央値になっている「なんとか負担可能」な住宅があるのはカナダのたった1つの都市、アメリカの12の都市だけです。

香港は最も住宅を買いづらい都市であり、住宅負担率は18・8倍です。ニュージーランドは10・8倍、オーストラリアも8・2倍と高くなっています。このデータを見ると、オセアニアは不動産が高騰しており、住宅中央値が収入中央値の8倍にもなっていて、家を買いにくいのがよくわかります。

意外と低いのがイギリスの5・3倍、アメリカの5・0倍です。しかし、イギリスは「深刻に負担しづらい」、アメリカはぎりぎり「かなり負担しづらい」に属していて、住宅が安いわけではまったくありません。また、イギリスやアメリカは地方ごとに格差がかなりあるので、国全体としてはこれぐらいの数値でも、都市圏では不動産が高騰しています。

アメリカの住宅価格高騰事情

アメリカの場合、2000年頃までは、主要な都市圏の60％以上の住宅が「負担可能」でした。

アメリカの住宅負担率の変化

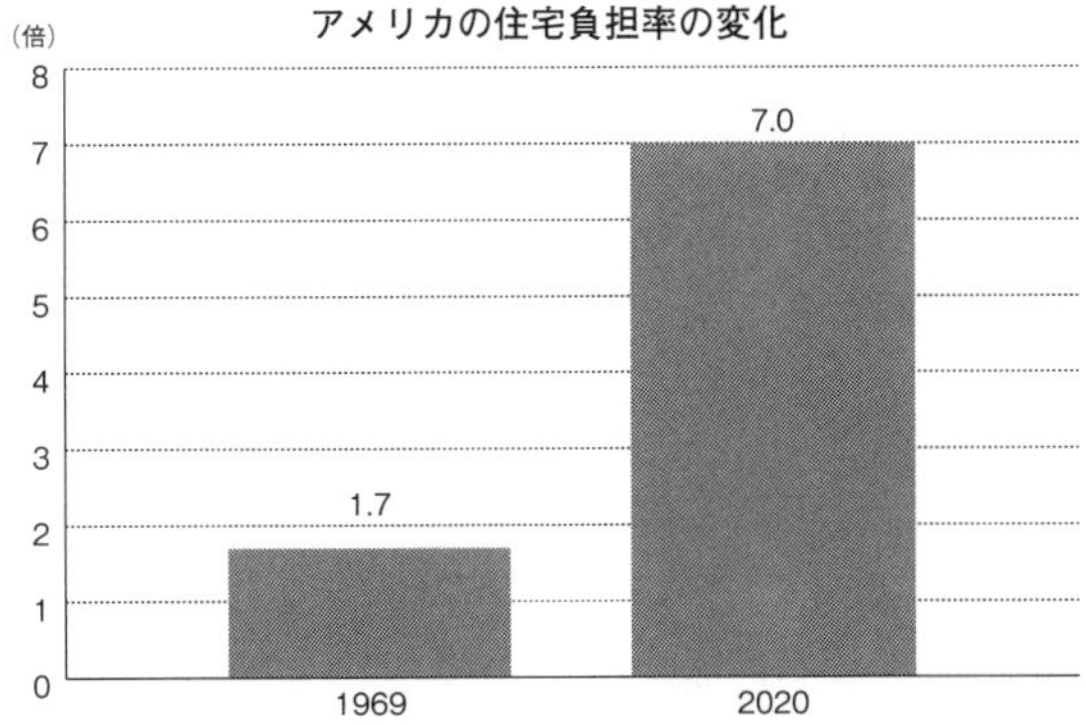

出典：Derived from US Census Bureau and Demographia

しかし、その後、住宅の値段が急騰して家を買うのが難しくなります。

価格の高騰は1970年代に始まり、1990年代後半から2000年代初頭に加速しました。**1969年の住宅中央値は、中所得者の年収の1・7倍でしたが、2020年には7倍にもなっています。**

アメリカでは住宅価格の上昇率が地域によって大きく異なっています。最も家の値段が上がったのはシリコンバレーがあるサンフランシスコとサンノゼで、なんと住宅中央値が中所得者の年収の9・6倍にもなっています。

日本がバブルだった頃の1980年代半ばでも、住宅価格は年収の2倍から、最高でも5倍にいかないぐらいだったので、2000年以後、アメリカの住宅の値段がどれだけ上がったかということがわかると思います。

住宅価格上昇の理由は需要に供給が追いついていないからです。アメリカは人口が増えていて、住宅を買いたい人が、実際に市場に出る住宅の数を上回っているため、価格が上がっているわけです。

その流れをさらに加速させているのが、アメリカ政府による土地や不動産への管理です。政府は規制をつくり、住宅の数が増えすぎないように制限しているので、供給がかなり減っていて、さらに住宅価格が上昇しているのです。特に、シリコンバレーなど、最先端のIT産業が発達している都市では、価格の高騰が顕著で、Googleなどの大手IT企業の社員でも、家を買うことができず、駐車場で車中泊している人がいたりします。

アメリカでは住宅ローンの貸出規制が緩いので、中間層がなんとか家を買いたいと収入に見合う以上の住宅ローンを借りてしまい、自己破産に陥るケースも頻発しています。

そうした流れを反映するように、OECDの「Under Pressure: The Squeezed Middle-Class」では「中流階級は収入に対してますます高まるコストで、その生存が脅かされている」という結果が明らかになっています。

さらに同調査では「中流階級の生活に不可欠な商品やサービスの価格はインフレーションよりも速く増加しており、過去20年間で住宅価格は世帯の中央値収入よりも3倍速く成長している」と述べ、世界的に住宅価格の上昇が中間層の生活を苦しくしているのがよくわかります。

日本でも生活が苦しいと訴える人は多いですが、長い間デフレーションが続き、住宅価格が上がらないうえに生活費が安いのでまだはるかにマシなのです。

日本の住宅は高すぎるのか？

それでは日本の住宅の価格はどうなのでしょうか。「Demographia」の調査には、日本が含まれていないので別のデータを見ることにします。

住宅ローン専門の金融機関「ARUHI」の調査だと、2019年に「フラット35」を利用した住宅購入者83513人の年収倍率は121ページの表の通りです。

当然ですが、新築に比べ中古のほうが低めです。年収倍率はだいたい5倍から7倍ぐらいになっているのがわかります。

この調査の年収倍率は中央値ではなく、平均値を元に算出しているので、あくまで目安ではありますが、海外の住宅負担率と比べると、香港の18・8倍、シドニーの13・3倍、バンクーバーの12倍、ホノルルの11・8倍、サンノゼの11・5倍、ロサンゼルスの11・3倍、オークランドの10・8倍、メルボルンの9・9倍、トロントの9・5倍、サンディエゴの9・4倍などを見ると、日本の不動産はまだまだ割安です。

しかも、日本よりも海外のほうが年収が高いので、実際には価格の差はもっと大きいと考えられます。

アメリカや香港、オーストラリアの都市部の人々が日本で不動産を買う理由がわかると思います。

フラット35利用者の年収倍率（2019年）

建物種類	販売価格	年収倍率（販売価格の平均値を購入者年収の平均値で割る）
注文住宅	3454万円	6.5倍
土地付注文住宅	4257万円	7.3倍
建売住宅	3494万円	6.7倍
新築マンション	4521万円	7.1倍
中古戸建て	2574万円	5.5倍
中古マンション	3110万円	5.8倍

出典：https://magazine.aruhi-corp.co.jp/0000-4472/

実際に、そうした国々では不動産がどのくらいの価格なのかを見てみましょう。

たとえば、オーストラリア統計局によれば、2022年8月のシドニーの年収中央値は65000豪ドルで、日本円で600万円程度です。同年の日本の収入中央値は437万円ですから約1・4倍もの開きがあることがわかります。

シドニーは住宅負担率が13・3倍なので、住宅の中央値は8000万円ほどになります。同時期の日本の新築マンションの販売価格は4521万円ですから3400万円以上もの開きがあります。

加えて、これをアメリカの都市部と比べると、なぜアメリカの人々が日本で不動産を買うのか実によくわかります。

アメリカの統計局によれば、2023年5月のサンノゼの収入中央値はなんと12万5075ドルです。日本円換算だと約1726万円です。サンノゼの住宅負担率は11・5倍ですから、住宅価格はなんと約1億9850万円です。これが中価格帯の住宅の値段なのです。サンノゼだと、1LDKの中古マンションは7000万円程度、2LDKだと中古でも1億円を超えます。一軒家だと2億円から3億円です。

この高騰ぶりを見ると、日本の不動産がいかに激安なのかよくわかります。東京の新築マンションなど、彼らにとっては「激安お買い得物件」にしか見えないのです。

「空き家」も爆買いされる

日本の空き家物件サイトをのぞいてみると、都内に通勤可能な地域でも、中古住宅が500万円とか800万円で出回っています。

海外からの需要が高い別荘地であっても価格は非常に割安で、たとえば神奈川県逗子市の高級住宅地にある富裕層が住んでいたと思われる豪邸でも値段は1億円程度です。これがサンノゼだったら1LDKの中古マンションしか買えないわけですから、どれだけ手頃かということがよくわかるでしょう。

日本人が自宅用として買わないような別荘地やリゾート地はすでに外国人がたくさん買っています。北海道のリゾート地ニセコは今、外国系資本が続々進出しています。**ニセコのメインストリート「ひらふ坂」の物件はすでに8割が外国人所有になっている**といいます。

少子化によって人口が減少する日本では、これから激安の住宅がどんどん市場に出回ることになります。

野村総合研究所の調査によると、2033年にはおよそ2150万戸が空き家になり、空き家率は30%を超えると予測されています。

収入がどんどん上昇し、インフレで物価や不動産価格も上がっている国に住んでいる人にとっては、空き家だらけで、しかも1軒500万円程度で中古住宅を手に入れることができる日本はまるで夢の国なのです。

「買い手」が減る日本

日本では人口減少がものやサービスの値段がなかなか上がらない原因にもなっています。それが最も明らかなのが住宅市場です。日本はバブル崩壊以後に家の価格が崩壊してそのまま値段が回復していません。

そしてバブル期にはたくさんの戸建やマンションが建てられて、住宅不足が解消されてむしろ余るようになってしまいました。

住宅は余っているのにもかかわらず、日本人は中古住宅を買わない人が多いので、たくさんの新築住宅がバブルの後も建てられ続けてきました。しかし、少子高齢化で日本人はどんどん減っているので、住宅は供給過多に陥っています。

しかも震災が相次ぐ中、最新の耐震基準の家を買いたいという人が多いので古い家は売れなかったりします。

また、共働きの家が増え、子どもがいる夫婦は都市部で通勤が便利なところに住まないと子育てをしながら働くことがなかなか難しいので、地方や郊外の不便な家には住みません。

なので、ますます家が余ってしまうわけです。最近は住宅価格の上昇がニュースになることもありますが、それは東京都や大阪府などの大都市とその周辺県が平均を大きく押し上げているだけです。それ以外の地域では海外の金融関係者や経済学者は日本の住宅の値段が今後も上がることは考えにくいと述べています。**人口がどんどん減っていくのに家はたくさんあるわけですから、買いたい人が少ないので値段が上がらないというわけです。**

他の先進国はこれと逆で、日本のようなバブル期がなかったので、多くの国では家やマンションを建ててきませんでした。こうした物件をどんどん建ててしまうと、質の悪い建物が乱立したり、景観が変わってしまったりするので、104ページでも述べたように建設には厳しい規制がある国が多いのです。

また、海外では地震がほとんど起きない国も多いので、日本のように最新の耐震基準の家も必要ないわけです。

このように、家の数が限られているので人口が増えて買いたい人が多くなれば価格が上がります。他の先進国はどんどん移民を受け入れて人口が増えているところもあるので価格が上がり続けているわけです。

不動産価格も、一部の都心部を除いて、「日本の安さ」を表す一例となっているのです。

「農地買収」が引き起こすトラブル

外国人が買っているのは不動産だけではありません。彼らは日本の農地も買っているのです。

日本では、農地を買ったり使ったりするのにはさまざまな制限があり、届け出や審査が必要ですが、農業法人を設立し、農地を所有することは可能です。ただしその法人は「農業関係者が総議決権の過半数を占めること」という決まりを満たさなくてはいけません。

外国人が所有する法人でこの規定を満たすことは難しく、加えて地元の協力も得なければならないので、なかなかハードルが高くなります。しかし、外国人の農業法人は激増しているわけではないのですが、間違いなく存在はしています。

たとえば、愛媛県西条市の「イーキウイ」という農業法人があります。親会社はニュージーランドの企業ですが、香港資本が49％を占めます。イーキウイは地元のＪＡと協力し、キウイフルーツの大規模栽培計画を打ち立て、西条市の土地取得を進めています。元々西条市は「キウイブラザーズ」というキャラクターで有名なゼスプリキウイの生産をしていました。

そうした背景もあり、イーキウイは西条市で農地を取得し、ゼスプリキウイの生産を増やそうとしているのです。

しかし、約束していた金額が農協に支払われなかったり、生産に大量の水を使うことにより井戸水が枯渇するのではないかという懸念が広がったりなどして、農協との間に亀裂が入っています。

地元の人々は、外国資本の法人が農地を取得していくことに不安の声をあげる人もいます。しかし、こういった地域は過疎化が深刻化し、働き手がいないために耕作放棄地が多く、買い主の外国企業からは足元を見られている状態のところも少なくないようです。外国企業がそういった姿勢でくれば、西条市のように地元住民が不利益を被る可能性も高くなります。


農地の荒廃には日本政府も頭を悩ましており、政府は農地の取得条件を徐々に緩和しています。

日本では2023年4月に農地法が改正となり、農地の権利取得に際して下限面積要件が廃止されることとなりました。また、**法人による用地の取得も以前より緩和さ**

れたので、今後は外国法人による取得がおそらく増えていくでしょう。

「森林」も買収されている

さらに、外国人は日本の森林も買収しているのです。林野庁の調査によれば、外国の個人や法人による日本の森林買収は2006年から増え続け、2021年までの累計は303件で2614ヘクタールになっています。

つまり、毎年200ヘクタールほどが買収されているわけです。そのほとんどは北海道ですが、千葉県や新潟県、長野県の森林も買われています。買い主は個人も法人もいて、香港やシンガポール、マカオなどに住む華僑が多いと言われています。また、それ以外にはアメリカや英領バージン諸島、中国の人も購入しています。

このように、北海道では森林が特に買収されているわけですが、他にも水源周辺の土地も買われています。

先ほど例に出したニセコでは、2011年4月に「ニセコ町水道水源保護条例」を制定し、5月に施行しています。これは、事業者が水資源に絡む土地取引について、事前届け出や自治体との協議を義務づけることなどを規定したものです。この条例がつくられたのは、外国人が法人経由で水資源に絡む土地を取得し、開発する事例が増えてきているからです。

日本の福祉にたかる外国人たち

外国人にとって、さらにお得感があるのが「日本の福祉」です。

日本のみなさんはあまり意識していないかもしれませんが、日本は世界各国の中でも数少ない「国民皆保険」を実施している国です。

国民皆保険は、国民全員に対して健康保険が提供され、医療費の個人負担を減らしてくれる仕組みです。日本では負担するのは原則3割ですが、同じく国民皆保険を実施しているカナダやイギリスでは、個人負担がありません。

しかし、個人負担がない国は医者にかかるのが大変で、検査だけでも2カ月から3カ月待ちということがめずらしくありません。また、救急治療を受ける場合でも、待ち時間が5時間から6時間かかることもあります。医療費が無料な分、サービスがよくないわけです。


アメリカの場合、医療保険は基本的に民間のものに入ることになります。医療費は先に自分で払い、後ほど保険で支払われるという仕組みになっていますから、保険会社とも毎回交渉しなければなりません。

会社員は自分の職場の保険に入りますが、自営業の人などは大変高額な医療保険に入らなければならず、その費用は家族分も含め、月に14万円にもなることもあります。収入の低い人や高齢者向けの公的な保険もありますが、日本に比べると恵まれているとは言えません。

ところが日本の場合、自己負担分がかなり抑えられているのにもかかわらず、サービスは世界トップクラスです。日本の病院はほとんど私立で、治療すればするほど儲かる仕組みになっているため、すぐに検査も治療も受けられます。その際に保険会社と交渉する必要もないのです。

また、日本で医師免許を取得するには、超高偏差値の医学部を出る必要があるため、医師の質も全国的に高いです。そして、検査機器は全世界的に見ても、最も数が多い国の1つであり、アメリカほどではありませんが、最先端に近い治療を受けることができます。

このように、日本の医療は海外から見ると大変魅力的なのです。

まず先進国の人からすると、自分の国が医療費無料だったとしても、迅速に医療サービスを受けられ、しかも丁寧な診察をしてくれる日本の医療はコストパフォーマンス的に考えると驚異的です。多少医療費を払ってでも、日本の医療サービスを受けたいという人は大勢います。

さらに、途上国の人からすると、日本の医療制度は夢のような仕組みです。医師のレベルが高く、病院がどこにでもあります。途上国では、比較的発展している国でも医療レベルがかなり低く、健康保険の仕組みがない場合も少なくありません。

その場合、医療費はすべて実費で負担しなければならないので、治療を受けられない人が多いのです。ですから、**医療を受けるためだけに日本に滞在したいという人がいるのも納得できる話**です。

「外国人が来たところで、日本の医療保険は適用されないのでは？」と思うかもしれませんが、実は日本は医療保険の加入条件が大変緩いことで世界的に有名になってきています。

NHKが2018年に行った取材だと、健康保険制度を利用して高額な治療を受けている事例が明らかになっています。夫が日本人の中国人女性が、自分の娘を夫の会社の健康保険の扶養に入れて、日本の健康保険で高額ながん治療を受けているというのです。また、同じくNHKの取材で、日本の保険証を手に入れる方法を指南する業者まで存在することも明らかになっています。

このように、日本のコスパ最高の医療制度を求めて、外国人が来日しているのです。

日本の国民健康保険は2012年から、3カ月以上滞在する人は加入できるようになっています。それ以前は1年以上滞在しなければ加入できなかったので、条件がかなり緩和されたことになります。

2019年の厚労省の調査によれば、外国籍で国民健康保険に加入する人は2008年の85万人から2017年には99万人に増えていて、全加盟者のうち3・4%を占めています。外国人加入者の53・5%が20歳から39歳の若い人です。日本人の場合は43・5%が65歳以上で、32・8%が40歳以上なので、年齢構成がかなり違います。外国人加入者は若い人が多いので、今のところ医療費の支出は大きくはなく、全体の0・99%程度です。

一方で外国人加入者への出産一時金の支払いは9798件で全体の11・3%を占めます。

もちろん、ほとんどは正当な受給だと思いますが、中には外国人による不正受給事件も起こっています。2023年5月、ベトナム人の男性が「双子が生まれた」という嘘の申請をし、出産一時金80万8000円をだまし取ったとして逮捕されました。この男性は同様の手口を繰り返していて、1600万円以上の一時金を得ていたと報道されました。

この事件も、日本の健康保険制度の緩さを表している一例です。

「海外出産」でも支払われる一時金

日本の国民健康保険は大変寛容で、海外で治療を受けた人や出産した人も後日日本で申請すれば医療費や一時金がもらえる仕組みになっています。

海外出産した人は2017年は日本人1277件、外国人1799件と数は多くないものの、日本人には5・3億円、外国人には7・4億円という費用が支払われ、1人あたり42万円が支払われています。そして、出産一時金は2023年より1人あたり50万円に引き上げられました。

治療費の給付は住んでいる自治体に申請するのですが、問題は日本の自治体などには十分なマンパワーがないので、本当にその人が海外で治療を受けて、それがどんなものであったのかを細かく調べることができないということです。自治体に治療を受けた証明書を出すことになっていますが、少なからぬ国では袖の下を出せば証明書も偽造できるので真偽の判定は難しいのです。

他の国では基本的に、国民健康保険も民間の保険もその居住している国で治療を受けたり出産したりしなければ費用は出ないことになっています。

ところが日本の場合、海外で勉強したり働いたりする日本人のために、国民健康保険の制度を適用してきたのですが、その制度を外国人も使えるわけです。これは他国から見ると大変驚くべき仕組みです。

さらに、日本の健康保険では、扶養に入れられる親族の範囲が広いのも特徴的です。他の国では本人と配偶者、その子供だけというところが大半なのですが、日本は孫や兄弟姉妹までも含んでいます。こんなに寛容な仕組みは他の国には存在しません。

サービスの質が高いのに激安で、加入条件も緩い。そんな健康保険制度が海外から狙われているわけです。

障害者福祉と高齢者福祉もコスパ最高

医療制度の他に日本の制度で恵まれているものが「障害者福祉」です。

実は日本の障害者福祉というのは世界最高峰の水準です。他の先進国に比べて、障害者福祉施設や障害者向けの作業所などが非常に充実しています。30年前の知識で止まっている人は、日本の福祉は充実していないと言い張っているのですが、それは大きな間違いです。

街を歩けばわかりますが、日本ではショッピングモールや駅などは最近ずいぶん整備されていて、車いすでも入れる多目的トイレなどがほぼ併設されています。また、図書館に行けば、視覚障害者用の点字の書籍や音声媒体の貸し出しまであったりします。

他の先進国ではこういった設備が壊れていたり、そもそもまったく存在しなかったりすることもあります。特に欧州はひどい国が多く、多目的トイレはほぼ壊れていると言ってもいいぐらいです。しかも掃除もしないので、中は汚れていてとても使える状態ではありません。

しかも、日本では障害のある子どもに対するケアも実に手厚く、支援学級に入れないということはまずありませんが、他の先進国では予算不足で無理やり健常者用のクラスに押し込められるということがめずらしくありません。明らかな知的障害があっても拒否されるのです。

先進国でこの調子ですから、途上国の状況は想像するまでもありません。途上国の場合はそもそも障害者福祉も何もないというところが多いのです。普段から住んでいるところが『北斗の拳』の「修羅の国」状態ですから、日本の障害者用の設備ははっきり言って異世界のように感じるはずです。

高齢者福祉に関しても同じで、日本には介護保険があり、ほぼどこの町にも高齢者施設があります。ところが他の先進国には介護保険のようなものがない国もけっこうあります。介護はすべて100%自己負担であることが当たり前だったり、故人の家を市役所が売却し、その費用で介護費用を出させるという仕組みになっていたりします。

そもそも、途上国では高齢者を介護する施設がない場合もあります。そういう国では、歳を取ったらそのまま放置されて死ぬか、家族が面倒を見るほかありません。老人ホームや訪問介護などでプロに介護をお願いできる日本の仕組みは本当にすばらしいのです。

しかも介護保険があって、費用を負担しなければならないのは一部ですし、自治体は家のリフォーム費用やさまざまな器具のレンタルまでしてくれます。

今はまだ、介護サービスを受けに日本に来る人はほとんどいませんが、医療制度のように、いずれは安くて質の高い介護サービスを求めて、海外の人がやってくるようになるでしょう。

第4章

なぜ、「安い国」になってしまったのか?

物価が他の先進国に比べて安いワケ

しかし日本はなぜこんなに安い国になってしまったのでしょうか。この章ではその理由を考えてみます。

日本の物価が他の先進国に比べて安いということを、別の表現で言い換えると、「インフレーション率が低い」となります。

ここ30年の日本はインフレ率が低いままで推移しています。

これはどういうことかというと、**日本ではものやサービスの値段が30年間上がっていない**という意味です。

この値段の上がり方を知るための数字が「CPI（Consumer Price Index）」というものです。日本語では「消費者物価指数」です。

その国のものやサービスの値段を知るための数字で、CPIが上がっていれば「物価が上がっている」ことになります。この「物価が上がる状態」をインフレーションと呼ぶわけです。

日本のCPIは総務省の統計を見ると、35年前の1987年に比べると2022年は20％ぐらい上がっています。20％とはずいぶん上がっているなと思う人がいるかもしれませんが、実は他の国に比べるとかなり低い数字です。

たとえばG7加盟国のアメリカ、イギリス、カナダ、フランス、ドイツ、イタリアは35年の間に物価はなんと2倍から2・5倍にもなっています。これをパーセンテージに直したら200％から250％です。

つまり、**日本のものやサービスの価格は他の国の10分の1しか上がらなかった**という驚くべき事実があるのです。

しかも詳しく統計を見るとわかるのですが、日本のものやサービスの価格は1997年から2021年まではほぼそのままで上がっていません。これも他の国の感覚からするとありえないことです。

G7加盟国はだいたい1年で6%から11%も物価が上がっています。2023年4月のG7加盟国のCPIは1年前に比べ以下のように上がっています。

・アメリカ　4・93%
・イギリス　7・80%
・カナダ　4・41%
・フランス　5・88%
・ドイツ　7・17%
・イタリア　8・16%
・日本　3・50%

日本の場合は3・5%と他国と比べて低いのですが、先ほど述べたように1997年からは物価はほとんど上がっていなかったので1年前からいきなりぐんと上がった状況です。

日本以外の国はロシアのウクライナ侵攻が始まってから燃料費が高騰し、それがさまざまなものやサービスの価格の上昇に貢献していたのですが、侵攻して1年以上経ち、思ったほど会社や工場が燃料を使わなかったり、石油の値段が下がったりしたので、前年の上がり方に比べると少し上昇率が下がりました。

多くの国ではものやサービスの価格は1年間で2%ぐらい増えるのが理想的と考えられています。これは経済学者や財政の専門家が長年の研究や経験から導き出した数字です。1年で2%増えると、35年でだいたいものやサービスの価格は2倍ぐらいになる計算です。これは数字が「複利」で増えていくからです。元々の値段に1年間で増えた分を加えてどんどん計算していくので、1年で2%増でも長い年月の間に何倍にもなります。

計算方法には「72の法則」というのを使います。これはものやサービスの価格が1年に何%増えたら何年で倍になるかということを計算できる数式です。たとえば、1年に2%上がる場合は「72÷2＝35」なので、1年の上昇率が2%だと、35年で価格が倍になることがわかります。

なぜ、日本企業は儲からないのか？

日本の物価がなかなか上がらないのは、日本の会社がバブル崩壊以降お金を儲けら**れていないからです。**

お金を儲けられていないとはどういうことかというと、日本の会社は自社の製品とサービスをたくさんのお客に売ることができていないということです。

売れないのですから価格を上げるわけにも行きません。価格を上げないとお客さんはさらに買わなくなるからです。儲かっていないので、働いている人の給料を上げることもできません。

会社が給料を増やしてくれないので働いている人はお金を使う気になりません。安いものばかり買うのでより一層さらに会社は価格を上げることができません。これが日本が陥っている「デフレスパイラル」の現状です。

お客がものを買わないので、会社はどんどんと値段を下げ、さらに安い価格で他社と競争するようになり、もっと価格が下がってしまったのです。日本企業は仕事熱心ですが、熱心さが仇《あだ》になって儲からなくなってしまっているのです。

加えて、日本企業はもっと儲けるための設備投資、人材投資にも、お金を使ってきませんでした。日本企業はバブル以後に儲からなくなってしまったので、稼いだお金を内部留保としてどんどん溜め込み、新たに儲けを増やすための投資をほとんどしてこなかったのです。

たとえば、工場を新設したり、業務を効率化するためのITクラウドを導入したりといった設備投資や、優秀な人を新たに雇ったり、社員向けに研修を行ったりといった人材投資など、「稼ぐ力」を高めていくためにできることはたくさんあります。

一方、海外は日本と違って積極的に投資をしているので、相対的に日本企業の生産性はどんどん下がってしまっています。

生産性とはつまり、同じ量の仕事をしたときにもっとお金が儲かるようにするということです。

他の先進国だとスマホで処理ができるような役所の業務やさまざまなサービスを日本ではいまだに紙で処理しているため、窓口に行かなければなりません。また、システムも古いものをそのまま使っているので、非効率的です。

これが一番よくわかるのが日本の銀行です。ある大手銀行では、2021年2月から2022年2月までの間に11回ものシステム障害を起こしました。ATMに通帳が取り込まれたまま出てこなかったりして、多くの利用者が被害を受けました。他の国でこんなシステム障害を連発すれば、口座の解約が相次ぐはずです。

特に新しい投資を行わないのは、日本政府によって保護されている保守的な業界です。先ほど挙げた銀行などのいわゆる「規制産業」は政府によって保護されていて危機感が乏しいので、新しいことをやろうとか生産性を上げようという気がないのです。

その結果、今や日本の生産性はアメリカの60%で、G7加盟国では最低です。

「世界競争力」はタイより下

スイスのビジネススクール「IMD」が毎年発表する「世界競争力ランキング」では、ビジネス効率性などのさまざまな指標を元に算出した各国の競争力をランク付けしています。

日本は1989年から1992年まで1位だったのですが、なんと2022年には過去最低の34位になってしまっています。

日本はマレーシア（32位）やタイ（33位）よりも競争力がないとされています。ランキングの元となった指標を見てみると、経済状況は20位、政府の効率性は39位、ビジネス効率性は51位、インフラは22位と特にビジネス効率性が足を引っ張っていることがわかります。日本企業が生産性向上のための投資や改革をほとんど行ってこないために、国際的な競争力を下げていることがよくわかります。

このように、データでは海外と比べて日本がいかに生産性が低いかが明確なのですが、**ほとんどの日本人経営者は海外のビジネス環境や国際機関の出しているデータなど全く見ていないので、日本企業がどんなに遅れているかを知らないのです。**

日本企業の多くはバブル崩壊のときに苦境に陥ったので、「またそんなことが起きたら倒産してしまう。とにかく何かあったときのためにお金を貯めておこう」と考えています。また、日本人は事なかれ主義の人が多いので、「何か新しいことをやって失敗したら評価が下がるから、前任者と同じことをやろう。そうすれば、前にこのやり方を考えた上司のメンツをつぶすこともないし、安全に会社員生活を過ごせる」と考えているのです。

しかも、今、日本企業の中で権限を持っているのは、高度経済成長期に子ども時代を過ごしてきた人ばかりです。

彼らの親たちも毎年のように給料が上がり、海外旅行を楽しんだり、最先端の家電製品を買ったりしていました。経済がどんどん成長していたので、毎年同じような仕事をしていれば、自然と結果が出ていました。なので、一生懸命働いて何か新しいことをやろうという発想はなかったのです。

なので、今の日本企業で上の立場にいるのは、なんとなく今までと同じようにやっておいて、子どもの頃と同じように時々旅行したり、おいしいものを食べたりすることができればいいなと思っている人だらけなのです。

そのため、日本の会社はどんどん儲からなくなっていきました。たしかに、内部留保を貯めておけば、経済が落ち込んだときに瞬間的には倒産を免れることができるでしょう。しかし、そうやって投資に消極的でいると、結局競争力を失い、ゆっくりと倒産に近づいていくのです。それが今の日本企業、日本経済が陥っている現状です。

「非正規雇用」が経済を停滞させている

もう1つ、日本経済が落ち込んでいるのは「非正規雇用」の増加も大きな要因です。

非正規雇用とは派遣社員や契約社員のことです。今や日本の労働者の37％ぐらいが非正規雇用者です。

非正規雇用の人たちは給料が安く、年収は平均で２００万円台から４００万円台ぐらいで、正規雇用の人よりかなり低くなっています。これは、この人たちの親世代に比べると、半分から３分の１ぐらいの水準です。

非正規雇用の人は正規雇用の人とは違い、福利厚生が制限されていて、契約がいつ切られるかもわからないので、生活不安が常につきまといます。そのため、将来が不安なので結婚できない、子どもをつくれないという人がどんどん増えているのです。来年仕事があるかどうかわからない中で、子どもをつくれないという心情はとても理解できます。

非正規雇用が多いのは、今の40代ぐらいの「氷河期世代」と呼ばれている人たちです。

この世代の人がもっとたくさん結婚し、子どもを持ち、家を買えば、日本経済はもっと上向いていたでしょう。子どもは成長するに従って新しい服やおもちゃが必要で、ご飯もたくさん食べるので、自然とお金がかかるからです。

しかし、氷河期世代の人たちは子どもがおらず、自分の将来も不安なので、あまりお金を使わず、つつましい生活をせざるを得ません。

つまり、デフレ一直線になってしまったのです。氷河期世代の人たちを非正規雇用にしておくことで、日本では消費が落ち込み、**デフレ一直線になってしまったのです。**


企業としては、人件費を削減するために、積極的に非正規雇用を増やしていったわけですが、それにより、自社の製品やサービスが売れなくなってしまったわけで、本末転倒の感があります。

「文句を言えない人」を利用している

海外では、給料が安すぎたり、働く環境がよくなかったりしたら、会社に対して文句を言って、それでも改善がされなければ、サクッと転職をします。

中には、仲間を募ってストライキに入る人たちもいます。そうすると経営者側は生産活動がストップして困るので、社員たちの要求を飲むしかなくなります。

ところが、非正規雇用の人たちが管理職や経営者に文句を言ったり、会社を辞めてしまったりするのはなかなか難しいことです。

彼らは文句を言って契約を切られたりするのではないか、今の会社を辞めて次の仕事が見つかるかという不安があるので、ハードな交渉ができないのです。また、日本では非正規雇用の人が次の仕事を探すには、人材派遣会社に登録し、勤め先を紹介してもらうことが多いので、今の会社でトラブルを起こしたとみなされたら、次の仕事先を紹介してもらえないのではないかという不安もあります。

しかも、非正規雇用の人たちは会社で働く期間が短いので、同じ会社の中につながりのある人が少なく、ストライキを起こす仲間を集めるのも難しいことが多いのです。

日本には労働組合がある会社も多く、この組織が社員を代表して会社と交渉を行います。しかし、労働組合は性質上どうしても正社員で働いている人や会社に長くいる人の意見を優先するようになっています。

労働組合はその会社にいる人たちが組合員になるので、給料が高くて、雇用が安定している正社員が発言力を持つことになりがちです。

もし、非正規雇用の人たちの給料を上げれば、正規雇用の人たちの給料が減る可能性があるので、労働組合としては、非正規雇用の人たちの待遇をよくするような交渉はできないのです。

このように、非正規雇用の人たちが、経営者や管理職の人に対して交渉ができないことを「バーゲニングパワーがない」と言います。

本当は日本政府が非正規雇用の人を増やしすぎてはいけないというルールをつくればよかったのですが、日本政府は大企業からたくさんの税金を集めているので、規制をしていません。**これからも非正規雇用の人をどんどん使い倒して儲けてくださいという姿勢でいる**わけです。しかし、政府と大企業のそういった姿勢が日本経済をダメにしているのです。

お金を使わない「高齢者だらけ」

日本では世界トップレベルで高齢化が進んでいます。団塊世代やその上の世代はすでに高齢者なので、年金で生活をしています。

しかし、年金は超大手企業の部長だった人でも月に20万円もらえればいいほうで、少し正社員で働いたことがあっても、基本的にパート勤務だった兼業主婦の人や自営業の人は月に8万円から15万円程度の人も多くいます。

そこから税金や国民健康保険、介護保険などのお金を引かれてしまうので、手取りは本当に少なくなります。だいたい20％ぐらいは引かれるので、使えるお金は月に6万円から10万円程度です。

これで食費や光熱費も賄わなければならないので、引退したのにアルバイトをしている高齢者がたくさんいるわけです。しかも、若い頃よりも病気になりがちなので医療費もかかります。

したがって、彼らは高価格帯の商品やサービスをなかなか買ってくれないわけです。

加えて、この人たちの子どもも親が病気や要介護になるので、医療費や介護にお金を一部負担しなければなりません。

ところが、病気の治療や介護というのは何か新しいものを生み出す活動ではないので、経済が活性化するわけでもないのです。

自分は非正規でお金がないのに、親の面倒を見るためにお金を使わなければならず、家を買う余裕がありません。日々節約が必要なので、外食や旅行にお金を使うこともなかなかできません。

したがって、経済に貢献するような消費ができないのです。

一方で、他の先進国は日本ほど高齢者がいませんから、若い人にそれほど負担がかかりません。若者はまた稼げばいいと考える人が多いので、貯金に回さずにお金をどんどん使うわけです。かっこいい服や車が欲しい人も多いですし、子育てをしている人だと、子どもにもどんどんお金を使うので、これが経済活動に大きく貢献しているわけです。

これが発展途上国で若い人がもっと多いところだとさらにたくさん消費をするので先進国よりも早いスピードで物価が上がっていきます。

誰でもわかる為替の話

日本の経済が弱くなっているのは「日本円が弱い」からです。

日本円が弱いとはどういうことかというと、たとえば、前は1ドルを100円と交換することができたのに、今は1ドルを130円払わないと交換してもらえないということです。つまり、前は1ドルのハンバーガーを100円で買えたのに、今は130円を払わないと買えないということです。

最近の日本円は弱くなり、昔に比べると外国からものを買いづらくなってきている

ということです。日本円がとても強かった1995年に比べると、半分ぐらいになっているイメージです。

ではなぜ、日本円がこんなに弱くなってしまったのでしょうか?

大きな理由の1つは「金利が低い」ことです。

金利とはお金を貸すときにどのぐらいの利息が発生するかを示した利率です。

多くの国では、その国の金融政策を担う中央銀行が金利を決めています。

中央銀行は直接企業や個人にお金を貸しているわけではありません。中央銀行が金利を定め、それを元にそれぞれの銀行がお金を貸すときに、どれくらいの利子を取るかを決めるのです。

日本では長い間、中央銀行である日本銀行が「低金利政策」を維持しています。つまり、日本銀行が銀行に対して、とても安い利息でお金を貸すように誘導しているわけです。

低金利とはどういうことかを具体的な例を出して説明します。フィギュアを買いたいけれどお金がないというときに、銀行から1万円を借りたとします。そのお金を返すときには利息分も払わなければなりません。たとえば、金利が10%で、1000円の利息がかかるとすると高すぎると思う人がいるかもしれませんが、金利が1%で利息が100円だったらお金を借りたいという人は増えるでしょう。

低金利であれば、お金を借りてフィギュアを買う人が増えます。フィギュアを買う人が増えると、フィギュアを売る会社が儲かりますし、フィギュアをつくる工場の人、運ぶ人、造形師の人、デザインをやる人、ウェブサイトで販売する人、みんなにお金が入るようになります。そうすると、それぞれがそのお金を買い物や遊びに使います。お金を使う人が増えるので、つまりこれは経済が活性化するということです。

経済がうまく回り始めると、少し価格を上げてもものが売れるので、物価全体が上がってくるようになります。これが低金利政策によって日本銀行が実現させたいことです。

日本はずっと景気が悪く、企業も個人もお金を使わないので、利息を安くしておくことでみんなにお金を借りてもらい、たくさん使ってもらうことで、お金がぐるぐると回転するようにしたいのです。

このように、経済の活性化のために日本銀行は低金利政策を続けているのですが、これにより、円安が進行している面もあります。

金利が低いということは、日本円を持っていても、もらえる利息が少なくなることを意味します。なので、投資家は日本円を売り、より高金利の国の通貨を買おうとします。たとえば、アメリカではここ数年、金利を上げる政策を続けているので、日本円を売り、ドルを買う動きが加速し、円安、ドル高が急速に進行しています。このような流れで日本円が弱くなっているのです。

また、日本経済の成長率の低さも円安につながっています。ここまで見てきたように、日本経済が停滞している理由は、給料が上がっていないこと、日本の会社が設備投資や人材投資をやらないために儲かっていないこと、お年寄りが多すぎることなどです。

日本は成長の見込みがないので、日本円ベースの資産や投資商品を持っていても儲からないと考える投資家が多く、アメリカのドルやイギリスのポンドの資産に換えてしまうので、それも円安につながっているのです。

「日本への期待のなさ」が円安の原因

今は円安が続いていますが、1990年代、日本はかなりの円高傾向でした。1995年には1ドル70円台を記録しています。

当時の日本は機械製造業が好調で、自動車などを積極的に海外に輸出していました。たくさんの車が外国で売れ、海外の人は日本へ代金を支払うために、自国の通貨をどんどん日本円に換えました。その結果、日本円の価値が高まり、円高が進行していきました。

しかし、ここで問題が起きます。円高の進行により、たとえば、1ドル160円のときは自動車1台が100万円で売れていたのが、1ドル80円になり、1個50万円でしか売れなくなってしまったのです。

そこで日本企業は円高の影響を減らそうと、工場や販売拠点をどんどん外国に移してしまいました。そうすると、外国でものをつくって外国で売るので、円高でも利益の減少を抑えられるのです。

ただ、今度はこういう会社がどんどん増えてしまったので、日本国内の産業が空洞化し、日本でお金が回らなくなり、経済が弱体化してしまいました。そして徐々に円安に傾いていってしまったのです。

そして、円が弱くなってしまったので、外国から材料を買うときに前よりもたくさんの日本円が必要になりました。日本は原料を輸入し、製品をつくって輸出する加工貿易が産業の中心です。日本は資源に乏しい国なので、石油や天然ガスなどのエネルギー資源のほとんどを外国からの輸入に頼っています。

しかし、ロシアが戦争を始めて世界中でエネルギー資源の値段が一気に上がってしまったので、原材料費が高騰してしまっています。

先ほどの円高進行のときと逆で、**日本は日本円を外貨に換えて、資源を買わなければならないため、円安がさらに進んでしまっているわけです。**

「だらだら働く」から給料が上がらない

ここまでは、「どうして日本の物価が安くなったのか」を見てきましたが、ここからは「日本人の給料はなぜ上がらないのか」を見ていきましょう。

まず、その理由の1つは、日本企業のアウトプットが増えていないということです。

それは要するに、時間・お金・材料・労働といったインプットを増やしても、お金を稼げる製品やサービスを提供できていないのです。

インプットが多いということはどういう意味か。

・たくさん予算を使う
・たくさん材料を使う
・長い時間働く

・たくさんの人が働く

ということです。非常に単純ですね。

それでは、1杯のラーメンをつくるのに「材料費に2000円」使い、「時給1000円の人が3時間」働き、「電気代が500円」かかったとしましょう。また、ラーメン1杯あたり、「家賃が1000円」かかるとしましょう。

合計すると全部で6500円もかかっています。

しかしこれを1000円で売っているとすると、5500円の赤字になります。

6500円かけてつくったものを1000円で売るというと、バカげていると感じるでしょうが、今の日本の多くの組織でやっていることはこれに近いのです。

特に**日本と海外の違いは労働時間の長さ**です。

他の国では15分でやる作業を、日本では無駄なプロセスがあったり細かいところまでこだわったりしてしまうので、1時間も2時間もかかることがあるのです。

これはなぜかと言うと、製造業を除き、日本の多くの産業では費用対効果をきちっと計測をしないからです。計測してしまうと、管理職の無能さがばれてしまうので、なんとなくうやむやにされているのです。

もっと言うと、組織の規模や予算を維持するために、簡単にできることも難しそうに見せたり、短時間でできることも長くかかるように見せかけたりしたほうが得をするわけです。

私の夫は日本のショッピングモールで買い物をしたときに「商品の種類の多さ」に大変驚いていました。そして、「日本は文房具も本も食品も各企業がすさまじい種類を提供し、多様な製品も販売することで消費者を満足させる戦略を取っている。しかし、その分、高コストで利益率が低くなり、疲弊している」と分析していました。

イギリスでは、そこまで商品の種類は多くなく、新商品も毎年のように発売されたりしません。消費者側も生活必需品などは、いちいち選んだりせず、定番の商品をネットショップで購入し、自動的に定期配送されるようにしています。

いろいろな選択肢の中から選ぶ楽しみがあることもわかりますが、商品の数を増やせば増やすほど、原材料のコストも配送料も宣伝費も余分にかかり、労働時間も長くなっていくのです。

日本はアウトプットそのものより「インプットの量＝どれだけ頑張ったか」を評価するので、どうしてもそうなってしまうわけです。つまりこれは何と同じかというと、末期のソ連と同じです。

共産主義が崩壊した理由の1つは、インプットに対して効率よくアウトプットを出すことができる仕組みになっていなかったことです。

そして、非常に価値の低いサービスや商品を生み出し続け、成果を出しても報酬はそれほど変わらないので、自分が仕事しているように見せかけたり非効率をわざと維持したりということが常態化していました。

実は日本の多くの組織でこれが起こっているのです。身に覚えのある人もいるのではないでしょうか。高度経済成長期からバブルまでは経済が成長していたので、たとえ価値が低いものでも飛ぶように売れていました。しかし、今はそうではありません。

経済は低調なのに、仕事のやり方はバブルの頃とほとんど変えていない。なので、非効率なままでインプットに見合ったアウトプットが出せていないのです。

時代に合わない「日の丸株式会社」のビジネスモデル

ここで注意しなければならないのは、日本企業のビジネスモデル自体が今の社会の変化に合わなくなってきているということです。

たとえば、日本が苦戦しているソフトウェア業界で急成長を遂げた企業を見てみましょう。「Ghost」というツールを提供しているアメリカ企業があります。

2013年にクラウドファンディングを成功させて開発されたこのツールは、一般の人がブログやニュースレターをつくるサポートをしてくれます。

アメリカをはじめとした英語圏ではブロガーやジャーナリストに特に人気です。

すでに、同じような機能がある「Substack」などのツールは存在していましたが、手数料が高いうえに、機能をすべて使うには追加料金がかかったりして、ユーザーから不評を買っていました。そこを改善したいと考えたのが「Ghost」でした。

「Ghost」は会員やユーザーの数に応じた月額の使用料金を払えば、あとは追加料金を払うことなしに自分で自由にサイトを構築できるうえ、他のツールでは提供されていない機能をいろいろ使うことができます。

月に数万円から数百万円を稼ぐ人気ライターやジャーナリストにとっては経費が削減でき利益がアップするので、「Ghost」へ乗り換える人も少なくありませんでした。

そんなわけで大人気になった「Ghost」にはもう1つ大きな特徴があります。このソフトウェアはプログラムの文字列、つまり「ソースコード」が、無料で一般公開されているのです。ソースコードの公開は「Github」というサイト上で行われています。

「Ghost」側は基本的なソフトウェアを提供し、ユーザーは自身が使いやすいように自由にソフトウェアを拡張したり統合したりすることが可能です。ソースコードには誰もがアクセスでき、しかも改善したものを再配布するのも自由なのです。

そのため、世界中の有志のプログラマにより、継続的に改良されていくのです。

「Ghost」の提供が始まった当初、アメリカではブログやコンテンツ出版ツールの間で戦争が起きていました。

自社の市場シェアを拡大するために、「Medium」などの有名サイトは著名ライターや芸能人に報酬を払って執筆を依頼していたのです。有名人の知名度に頼った市場拡大はツール自体の機能の発展を無視し、とにかくPRばかりを重視するようになります。

一方、「Ghost」はオープンソースで開発してもらうというモデルで、ツール自体の機能の向上に注力したわけです。サービスそのもののクオリティを高めるという基本を追求したからこそ、ライバルに勝つことができたのです。

しかも、「Ghost」は厳密に言うと「会社」ではありません。なんと、非営利団体なのです。なので、株主は存在しないし、上場もしていません。社長もいません。組織を売買することもできません。しかしこれは、オープンソース業界ではめずらしくない形態です。

そして、この非営利団体で働く人々はほとんどが100％リモートワークで、働く場所も服装もすべて自由です。また、情報もすべて透明化しています。ユーザーから支払われる購読料金からツールが動いている時間、アクティブユーザーの数、ダウンロードされた数……などがリアルタイムで公開されています。

「Ghost」は年間7億円ものお金を稼ぎ出すようになりましたが、稼いだお金は基本的なソフトウェアをつくるエンジニアの人件費やツールの向上に再投資されます。

「Ghost」のような自由でオープンな働き方というのは日本の伝統的な組織とは全く正反対です。また、付加価値の高い知識やスキルを持った人々は、非常に短期間でさまざまな組織やプロジェクトを渡り歩きます。そうやって、多くの人と交わるなかで新しいアイディアが生まれます。

実は**欧州の会社も、高い付加価値を生み出す組織ほど、このようなオープンな働き方がどんどん主流になってきている**のです。

こういった組織に、いまだに年功序列で働いている日本企業が太刀打ちできるはずはありません。

超少数精鋭による超短期決戦

仕事において高い付加価値をつけられるようなスキルを持つ人々が求めるのは安定性やステータスではなく、何か新しいことをやってみたい、よりよい製品やサービスをつくりたいといった情熱です。

つまり、仕事というのは、ただお金を稼ぐだけではなく、自分自身の興味の追求だと捉えているわけです。自分の興味がある方向に徹底的に進むことで、結果として、「Ghost」のような面白い製品が生まれてくるのです。

そして、興味がなくなったり面白いと感じられなくなったりすれば、また別のところに移動したり、まったく違う人と新たなチームをつくり上げるわけです。

これを別の例でたとえると、特殊部隊の超精鋭による超短期間の破壊工作です。目的を達成したら、解散したり別のところに行ったりして、別のミッションに従事するわけです。

また、これを戦国時代にたとえると、敵の城をどうしても落としたい場合に力のある侍を調達してきて短期決戦で戦いに挑むようなものです。城に立てこもっている側からすると、戦いのプロが短期間で一気に攻め込んでくるわけですから勝てるわけありません。そして、侍たちはまた別のところで異なる武将に雇われて、次の戦に挑んでいくというわけです。

無能な管理職が居座っている

ところが日本企業の場合はこのような戦い方をしていません。
ビジネスモデルがまったく違うわけです。
いまだに日本の企業は40年前と採用の仕方が変わっていません。
大学を卒業したばかりの専門性も経験もない学生をとりあえずたくさん囲い込み、

会社の中でゼロから育てて、いろいろな部署を経験させて村社会を形成し、長くその会社で働き続けてもらうというやり方を続けているのです。

これも戦国時代でたとえると、周辺の農民を非常に少ない報酬で引っ張ってきて、異なる藩や領主のところに移動させずに、特殊な技能や知識も身につけさせずダラダラと働かせるというやり方です。

「新卒一括採用」「終身雇用制」はものをつくればつくるほど売れた戦後の時代であれば問題なかったのです。しかも当時は上にいた優秀な人々が戦争で大量に亡くなってしまったので、ちょっと才覚のある若い人々が仕組みをどんどんつくり上げることができる環境でした。

その他大勢の人はそれに従ってわーと大量に働いていればよかったわけですから、専門性のない働き手がたくさんいてもまったく問題なかったわけです。

ところが今は違います。

全世界にビジネス上のライバルが大量にいるのです。

そして、競争が激しい中で売れるものというのは、非常にユニークで付加価値の高いソフトウェアや高品質の工業製品です。

そういうものをつくれる人は豊富な知識と高いスキルを持たなくてはいけません。要するに、精鋭中の精鋭でなければ無理ということです。

そういった人材を同じ国の中で探していても限界があるので、全世界から募る必要があります。また同時に、**超高額の報酬、いい環境、自立性の高い働き方を提供しなければ優秀な人は来てくれません。**

日本でDXが進まぬ理由

日本と海外はビジネスモデルだけではなく、デジタル化でも大きく水をあけられています。日本でも最近DX（デジタルトランスフォーメーション）を進めるべきだという主張を聞くようになりましたが、海外では、すでにデジタルは浸透しきっています。ビジネスにおいては非効率さや不便さは一番の敵です。それがわかっている欧米の国々では、デジタル化を最優先で進め、ビッグデータを収集することで、効率化を図っています。

また、先ほど紹介したように、欧米ではプロジェクトごとにチームを構築していくスタイルなので、別の人間になっても仕組みが動くようにしなくてはいけません。それが一番安く、最も簡単にできるのがＩＴを利用することなのです。

ところが、日本は少数の優秀な人材を集めるのではなく、スキルの低い大量の人材を集める労働集約型のビジネスモデルなので、効率化よりもとにかく安い労働力を大量に投入することが優先されます。

日本のＤＸ化の現状がいかにお粗末で「負け戦」なのか、また戦国時代でたとえて見てみましょう。

日本企業のような農民集団の中にも、秀吉のように優秀な人間が現れることもあります。しかし、彼らは非常に頭がいいためにさっさと足抜けして浪人になり、よりよい環境に身を置くようになります。

外資系企業はまさに浪人の集団です。浪人とは要するに、スキルがあってどこでも自由に働ける人間です。そういう人たちは海を越えて、外国に行ってしまうのです。外国の人は幕府や日本国内の藩よりもはるかに高い報酬をくれるので、そっちに行ってしまうのは当たり前です。しかも今や日本は鎖国しているわけではないので、自由に移動ができるのです。

このように、日本の組織は超優秀な武将や浪人を高待遇で雇うという柔軟性な仕組みになっていません。なぜかというと、上にいる大名やその家臣が無能だからです。無能でありながら権力を持っている人たちは自分の現状に満足しているので、現在の体制を維持することに心血を注ぎます。

そういった組織では失敗をすることが極端に避けられるので、「何もしない」ようになります。

これが日本企業で無能な高齢の社員が居座っている理由です。

この状況を打破するためには、多くの武士が藩から足抜けをするほかありません。

そして優秀な武将や浪人たちは自分たちで別の藩を立ち上げたり海を越えて海外に行ってしまい外から圧力をかけるほかないのです。

北米や欧州では会社というのは武将や浪人が集まっている集団なので、指導する人間が無能な将軍の場合はみなで逃げ出したり、謀反を起こしたりします。なので、組織のトップ層が割と短期間で入れ替わるのです。そして、有能な人間ほど高い報酬を得る体系になっています。ビジネスとは命をかけた戦いなので、そうなっていなければ不公平だと感じる人が多くなり、組織としては成り立ちません。

つまり、**日本企業は全世界が戦国時代の状態であるのにもかかわらず、鎖国されているふりをして、いまだに孤立した中でなんとか商売を回しているのです。**しかも年寄りはどんどん増え、子は生まれず、戦える人がどんどん減っていくという危機状況です。

そして、子どもには戦国の世の厳しさを教えず、毎日毎日能や生花、詩歌の稽古など、役に立たないことを教えている。要するにゆとり教育です。実際に戦場で戦う人々にそんな教育は必要ありません。

彼らに必要なのは敵を叩きのめす腕力と武力であり、重や弓矢を使いこなす知識です。しかし、今の日本は海外からすでに攻め込まれていることにも気づかず、のほほんと現状維持を続けているわけです。

「女性」に働いてほしくない政府

しかも、不思議なことに、日本政府は「働き手が不足している」と言っていますが、実は働きたくても働けない人たちが日本にはたくさんいるのです。それは「女性」たちです。

日本では、子育て世代の20歳代後半から30歳代の就業率が他国と比べて低い傾向があります。そういった女性たちは、教育レベルが高く、やる気もありますから、どんどん働いてもらうべきなのですが、職場が女性にも働いてもらえる環境を整えないのでどうしようもありません。

そこにこそ日本政府が手を入れるべきなのですが、なぜか放置されています。

これも戦国時代にたとえればもっとよくわかります。

戦場に出て行かなければならないのは年寄りと指示待ちの農民だらけです。しかし敵は大砲を持ち、厳しい訓練を積んだ軍勢でありなんとかして国土を守るために戦わなければなりません。

体力があってやる気もある女性たちはたくさんいるのです。この人々をなんとかして活用する方法を日本政府も日本の会社も考えなければならないのです。

しかし上に居座っている人々は、現状維持で失敗を恐れる人々で、外様《とざま》である女性たちから攻撃されることが怖くてしょうがないのです。

こんな人々はさっさと見限って女性たちややる気のある武将や浪人たちは自分たちの組織をつくってどんどん出て行ってしまったほうがよいでしょう。

人不足の解決策として日本政府は日本の入国管理法を改正して外国人労働者も日本にどんどん定住できるようにしています。

実は先進国において日本は非熟練労働の外国人が労働許可や定住許可を取るうえで最も簡単な国なのです。しかも労働ビザの取得費用も激安でこれほど簡単な国はありません。

要するに政府は日本の労働集約的な仕事のやり方を根本から改善することなしに、とりあえず激安で働いてくれる足軽農民を外国人でもいいからどんどん入れてなんとかしようという非常に短絡的な考え方なわけです。

しかし教育を受けていない足軽農民には付加価値の高い漆器やからくり人形をつくることはできません。多勢の足軽よりも必要なのは特殊スキルを持った指導者や職人、相手を確実に仕留める浪人です。

数ではなく質なのです。

日本の女性たちには武将や優秀な職人、技術者、研究者、花火屋、忍びの者、大工の末裔《まつえい》もいます。わざわざ文化も言葉もわからない外国人を苦労して連れてくるよりも、日本の国土や文化を理解しており、空気を読むことにたけていて、忍耐力があり、教育レベルも高い彼女らを訓練して隠密《おんみつ》や職人、刺客に仕立てればよいのです。

第5章

「貧乏国」で幸せをつかむヒント

「英語力」がカギになる

ここまで日本がいかに安い国なのかを見てきましたが、私は日本と日本人はこれからみんな不幸になると言いたいわけではありません。きちんと日本の現状を見つめ、今のうちから正しい行動をすれば、幸せをつかむことはできます。ここでは、「貧乏な国」でどうやって生きていくべきかを述べていきたいと思います。

日本は労働人口が減っていき、今後も経済格差が拡大していく可能性が高くなります。その一方で海外には人口がどんどん増加している国もありますから、**海外向けにものやサービスを提供し、お金を稼ぐというビジネスモデルが盛んになっていくでしょう。**

さらに、ロシアの戦争で以前ほどではなくなったかもしれませんが、グローバル化は今後も進んでいく見込みです。そうすると、さまざまな国をまたがって行われていく仕事は今後も増えていくでしょう。

そこで考えられるのは国内の労働人口が3つの階層に分かれていくという予測です。

それぞれの階層と、そこに属する人たちの特徴をまとめます。

第1階層：海外や多国籍化するプロジェクトを担当する層
・超高学歴で留学などの海外体験が豊富
・英語をはじめとする外国語を流暢《りゅうちょう》に使うことができる
・海外を含めた労働市場で評価されやすい何らかの付加価値を持っている

第2階層：日本国内で付加価値が高い知識やスキルを提供する層
・国内で重宝される熟練技能や知識を持っている
・自営業や経営者

・地主
・医師や士業などの資格系職業
・国内で稼ぐので外国語は基本的に必要ない

第3階層：日本国内でお金を稼ぐ低賃金の層
・付加価値の高いスキルがないために低賃金
・ブラックな職場で働くサラリーマン、非正規やパート、日雇い

第1階層の稼ぐ機会は今後もどんどん広がっていきます。

発展途上国は現在もどんどん人口が増えていますし、多国籍な仕事やプロジェクトはどんどん増えていくので、この層の人たちは世界中から引っ張りだこなのです。

しかも、先進国はどこも高齢化していくところが多いので、スキルを持った若手の人の活躍する機会は増えていきます。

その場合に共通語になるのは「英語」です。

英語はすでにグローバルなビジネスの標準語になっていますし、学術や科学技術の世界も英語で研究発表をするのは当たり前です。世界的に評価される大学では授業はすべて英語で行われます。これは今後、中国やインドが台頭してきたとしても変わることはないでしょう。

第1階層の世界に入りたいと思ったらとにかく英語はできて当たり前と思っていていいでしょう。

さらに**重要なのが業界や市場の情報をいち早く入手すること**です。これに関してはまったく気がついていない日本人が多いのですが、日本は超少子高齢化で書籍の販売市場や広告市場がどんどん縮小しているので、翻訳される情報が少なくなったり、古くなったりしています。

せっかく日本向けに情報を出しても大して儲からないので、わざわざコストをかけて翻訳することがなくなってきているわけです。

なので、日本語しかできない状態で業界の最新情報や技術情報を得るのは難しいことを知っておくべきです。

これまでの日本で、最先端の情報がいち早く翻訳されて書籍になったりウェブサイトに掲載されていたりしたのは、日本人にお金があったからにすぎません。機械化が進んでいると言っても翻訳はまだまだそれほど安くはないのです。

なので、**今後の日本で生き延びたいと思ったら、最低限英語で原書や原文を読むスキルは必須です。**

「怪しい情報」がはびこる日本

翻訳されたものではなく、日本人が発信している情報を受け取ればいいと思うかもしれませんが、それはかなり危険です。なぜかと言うと、貧しくなっている日本では「儲かれば何でもいい」という風潮の元、真偽の定かではない情報がたくさん出回るようになってきているからです。

たとえば、ここ最近、怪しい医療本や反ワクチン本をよく書店で見かけるようになりました。こうした本は以前は名前を聞いたことがないような中小の出版社が出しているくらいでしたが、今では大手出版社からもどんどん出版されるようになってきています。

イギリスでは、そんな本は本屋にもAmazonにも絶対に並びません。国がきちんと規制をしているのと、出版社も訴訟を起こされるリスクを避けようとするからです。

またもし、著者が医者なら医師免許をはく奪されるでしょう。

きちんと校正を経て出版されるはずの書籍ですらもその状態ですから、ネットは言うまでもありません。

Twitter上では「新型コロナウイルスは人間がつくった生物兵器だ」「ディープ・ステートという悪の勢力が世界を裏から操っている」など、怪しい情報ががんがん飛び交っています。そうした情報を出しているアカウントが支持者を得て、インフルエンサーになっているぐらいです。

こうした状況の中、今の日本で正しい情報を集めるのはかなり難しいです。なので、海外の情報を直接、自分で得られるようにしておく必要があるのです。

資格や教育はグローバルレベルで考えよ

また今後身につけるべき技能や知識というのも、日本国内だけで評価されるものではなく、海外の先進国でもある程度評価されるものでなければなりません。

これが多くの日本人に欠けている視点です。

日本人はスキルを身につけるといっても、国内でしか役に立たない資格の話しかしません。

たとえば、ＩＴ系の資格だと、ＩＴパスポートなどが人気ですが、この資格は外資系の企業にはほとんどプラスに働きません。基本的に、日本社会は海外から見てかなり特殊性が高いと考えられているので、**日本でしか取れない資格というのは、海外で**

の仕事には役に立たないと捉えられているのです。また、英語の資格であってもTOEICの点数なども海外では重視されません。

これは学歴に関しても同様で、相当教育熱心な親でも日本国内の大学しか見ていないのです。あの大学の偏差値はいくつだとか、日本国内でしか通用しないことばかり話しています。

しかし今やそんな先進国ははっきりと日本だけです。

他の先進国の人々はまず国境を越えて稼ぐことを前提に話をしているので、資格や学歴も他の国でも通用することを前提にしています。日本国内で評価される資格や教育を受けているだけでは、たとえば外資の会社に就職したり、多国籍なメンバーを集めるプロジェクトなどに参加することが難しくなります。それ以前に、海外で働こうとしても、世界で評価される資格や学歴がなければ採用されません。

他の先進国の場合は子どもに合う学校があれば、国外の学校に通わせることがめずらしくありません。大学も自分が学びたい分野で輝かしい業績を上げている研究室や研究者を探し、それが国外の大学でも躊躇なく進学するのが当たり前です。

つまり、国内の偏差値だけで話をしているような日本というのが非常に特殊なわけです。

しかし、今後海外を相手に稼いでいくことを考えたら、日本国内だけの視点で教育を考えていては、結局日本でしか稼げない人ができあがります。

さらに習い事に関しても日本ではいまだに親はバブルの頃の感覚で子供の習い事を選んでいる人だらけです。

みんながやっているからといって、特に付加価値がつかないような習い事をやったり、思考力が養えないようなことをやったりしています。しかも英語に関しても他の先進国の上の層のレベルを知らないので、小学校高学年や中学生の子が他の先進国の5歳児レベルのものを学んでいたりするのです。

無駄な投資をしないためにはまず他の国の実態を知り、食べて行くのに必要な技能や考え方が身につきそうな課外活動は一体何なのかということをよく考えるべきでしよう。

ショッピングモールに入っているようなお遊び半分の英語教室にお金を払うことは本当に意味があるのかどうか立ち止まって考えてみましょう。

「日本人が気づいていない価値」がある

一方で、日本人は外国に売ることができるサービスや商品があることに気がついていません。

そういったものをどんどんマネタイズ、つまりお金に変えていくべきなのです。日本人は控えめな人が多いのでマーケティングや営業が非常に下手くそです。

しかも国内のことしか知らないので、外国では一体どういうものが受けて何が売れるのかということを理解してないのです。これは日本だと日常生活でさまざまな国の人と接触しないことや、教育がドメスティックすぎるというのがあります。

たとえばまず日本人は日本の海外でのイメージに気がついていません。

特に**中国では日本人というのは非常に生真面目で嘘をつかないので取引がやりやすいということで有名**です。

なので、彼らは日本人と取引する際、相手が誠実なので安心して買うことができると考えているのです。

これが日本で中国人が日本の商品を爆買いする理由です。彼らは母国の人々を信用できないので日本人から買うのです。

これは中国人だけかというと、そうではありません。

実は北米や欧州でも日本のものは安心できるということで有名です。

なので、非常に材料にうるさい健康志向の人々やベジタリアンはまだまだ日本の超高価格帯の調味料や米を買っているのです。これは単に味がいいからということだけではなく、日本のものであれば変なものを使っていないから衛生管理がきちんとしているから安全だということです。

これは日本車や日本の家電に対しても同じなのです。

トヨタをはじめとした日本のメーカーは海外ではまだまだ強く、道路状況が厳しいタイや南米、アフリカでも日本車は人気があります。イスラム国のテロリストでさえ、乗っていたのはトヨタのピックアップトラックです。

命を左右するような戦場で日本車を使いこなしているのです。そういう厳しい場には中国車や韓国車は存在感がありません。

家電は韓国製よりも人気はありませんが、業務用の機械など専門性の高い製品はまだまだ日本製が強いのです。これも日本人の生真面目さや信用というのが裏付けになっているのです。

日本の製品やサービスにはこういったイメージがあるということを理解してもっと多様なものやサービスを海外の人に売ればいいのです。

どんなものに需要があるかは普段から外国の人と接触したり実際に現地に行ってみて自分の手足と目を使って調べてみたりするのが重要です。

これに関しては今の日本人は戦国時代の武将に学ばねばなりません。

彼らは電話もインターネットもなく言葉もなかなか通じない中で、欧州諸国は日本に対して何を求めているのかということを察知し、数少ない情報の中から彼らの戦闘力や戦略を理解して植民地化を防ぎました。仙台藩主だった伊達政宗《だてまさむね》は約400年も前に、ノビスパニア（メキシコ）との直接貿易を求めて、イスパニア（スペイン）国王及びローマ教皇のもとに、慶長遣欧使節と呼ばれる外交使節を派遣しているのです。

伊達政宗だけではなく、当時の戦国武将たちは欧州の人々のことを熱心に研究し、地政学も理解していました。

インターネットやメディアが発達しており移動も自由な現在において日本人はもっと多くのことを個人でも学ぶことができるはずです。自分で調べて学ぶ中で商機が見つかるはずです。

そしてトライアンドエラーで実際に売ってみてどうなるかということもやってみるほかありません。「とりあえず考えるよりやってみよ」です。

停滞している日本に足りないのは、こういった「やってみよう」「失敗してもいい

から試してみよう」と思う挑戦心と思い切りのよさがある人々です。

「観光業」に活路を見出すべきか？

日本のものやサービスは海外で売れるとは言っても、最近流行りのインバウンド、要するに外国人観光客に依存する商売を進めていくのは考えものです。

基本的に観光業というのは地元の風景や観光名所の切り売りにすぎませんから自分たちで何かつくり出すような技術やアイディアが発展していくわけではありません。

付加価値が高い機械や技術をつくり出すよりも、地元に観光客を連れてきてホテルに滞在させるほうがはるかに簡単なのです。これはご先祖の遺産を切り売りして生活する子孫とまったく変わりがありません。

しかも日本全体の経済規模から考えると観光業が占める割合というのは非常に小さいのです。世界旅行ツーリズム協議会（ＷＴＴＣ）の２０２２年の調査によると、日本の旅行・観光産業の寄与額は2063億ドルでGDPに占める割合は4・2%にすぎず、海外旅行者の支出が占める割合はわずか0・7%、G20参加国中で最低値なのです。

これはコロナで日本と海外を往来する人が激減したために外国人観光客の支出が90%近くも減ってしまったというのもあるのですが、例年通りだったとしてもGDPの2%にもいかないわけですから非常に小さいわけです。

政府はこれをもっと拡大していくという目論見のようですが、それよりももっと永続性があり、高い付加価値を得ることが可能な産業のほうに投資をしていくべきでしょう。

有望なのは「IT×製造業」

そして日本はこれからどんな業種に注力していくべきなのでしょうか。

まずやはり筆頭にあげられるのは情報通信産業です。ここ最近はＡＩの発展が注目されていますが、今後はもっと伸びていくはずです。さらに**情報通信技術と製造業のハイブリッドが伸びていきます。**

その代表の1つがたとえば自動運転の車であったり、産業機器や家電の自動化、遠隔操作といった世界です。医療や軍事の世界でも、情報通信技術を活用した機器がますます活躍しています。

このような世界では単にサービスや機械を提供するよりも、正確性や継続性が非常に重要です。収集したデータをきちっと管理したり保全したりすることも重要なのです。これは世界各国でデータ漏洩や独裁国家によるデータの悪用がどんどん外に出てくるようになったからです。

その点、日本は、民主主義国家でありきちっと仕事をする人々が多いので非常に信用性が高いわけです。

しかし、日本は自分たちの強みをアピールする力が本当に弱い。日本人はそれを当たり前だと思ってやっているので海外の人は日本人がそんなに厳密に仕事をしているということを知らないのです。こういった生真面目さや手順の厳守、コンプライアンス体制の厳しさなどをどんどんアピールしていくことも重要でしょう。しかも日本には多様性がないと批判されていますが多様性がないということはある意味強みになるのです。

それは国内で働く人々が日本人だらけで出身校や出身地がはっきりしていますから、バックグラウンドチェックが非常に容易だということです。

ダイナミックなプロジェクトを立ち上げたり変わったことをやるのには多様性がないことは不利になりますが、その一方でいい点もあるということは強調していくべきなのです。

「格差」が広がると「犯罪」が増える

最後に、生活面での変化についても述べておきます。

先ほど紹介したように、**今後日本では労働者の階層が分かれていくので、日本では格差がどんどん広がっていく**はずです。

実際、最近では北米や欧州の手口を取り入れた犯罪も増えてきました。たとえば数万円の現金を奪うのに、真っ昼間に正面から人様のお宅や商店の玄関口から入り込んで強盗を行ったり、昼間に宝石店を襲ったりするような非常に荒っぽい犯罪です。しかもやっているのが未成年や20代の若い人々が目立つようになってきました。従来の組織犯罪がやらなかったような非常に効率が悪く手荒い事件が目立つようになったわけです。

今後は日本もどんどん格差が広がっていくので、とりあえずとにかく現金が欲しいという非常に短絡的な目的でこういった略奪を行うような犯罪が増えていくはずです。これはすでに北米や欧州が辿ってきた道です。

たとえばイギリスは1980年代までは比較的経済格差が小さく、特に戦後はイギリス病と言われた停滞を経験し経済不況もあったのでみなお金がありませんでした。ところが金融ビッグバンで金融改革が行われ、製造業中心の社会からサービス業中心の社会になって階級の下克上が起こるようになりました。

そこで起きたのが経済格差の拡大で、生まれよりも努力によって稼ぐことができるようにはなったわけですが、お金のあるなしがはっきりと目に見えるようになりました。

しかもサービス業が中心になってきたので雇用が短期間のものばかりになり、かつてのような終身雇用がなくなります。

しかも仕事自体もかつて製造業が盛んだった頃は労働集約型的だったのですが、今や少人数の頭が良い人が行えば稼げてしまう業種が増えてきたので稼げる仕事が減っています。

そこでもうあまり稼ぐことができない若い人たちが空き巣や窃盗、薬物取引などを行うのです。

日本はだいたいイギリスの30年ぐらい後を追っているので、あと10年もしたら今よりも非常に短絡的な形での空き巣や強盗などがどんどん増えていくはずです。

そのような中で生活していくには、性善説に沿っていてはだめです。**自分のことは自分で守るという意識を持たなければなりません。**

おわりに

本書を書くことになったきっかけは、最近Twitterを始めとするSNSで日本の人々が日本の物価がいかに安いか、海外の物価がどれだけ高いかということを話題にする人が増えたなという感覚があったからです。

日本は景気が悪くなってしまったために最近では海外に行く人がぐんと減ってしまったため、20年前から30年前の感覚で海外のことを語る人が非常に多いのです。

しかし、その間日本の人々の実質賃金はどんどん下がり、超少子高齢化は世界で最も高いレベルで進み、中国や東南アジアが台頭し、ロシアが戦争を始めてしまうという大きな変化が起きてしまいました。

その変化に気がついている人はあまり多くはなく、しかも気がついていない人が子どもに教育を行うために若い人も自分たちが変化の波に乗まれていることに気がついていないのです。

「日本の安さ」というのはその象徴です。日本でも最近はものやサービスが値上げしているということがよくニュースになるので、日本はデフレを脱し始めていると考えている人もいるかもしれません。しかしそれは日本国内しか見ていない人の発想です。この本で紹介してきたように、海外の国々ではもっと極端な値上げが行われていて、そういった国から見ると、日本はまだまだ「安い国」なのです。


私はここ最近出した書籍では海外の驚くようなニュースやあまり日本で取り上げられない話題を描いてきましたが、本書ではもう少し日本と海外の経済的な違いや日本がどれだけ安くなってしまったかということに注力しました。

この本を気づきのきっかけとして活用してくだされば幸いです。

また本書に登場したトピックについてさらに深く知りたい人はぜひとも自身で本を読んでみたりネットで検索したり、お金を少し貯めて実際に海外に行って自分でさまざまなことを体験してみてください。体験に勝るものはありません。
そしてそこで体験したことを新たな考えるヒントにして自分は今後どうするべきかということを考えていただきたいのです。

谷本真由美

谷本真由美（たにもと・まゆみ）

著述家。元国連職員。1975年、神奈川県生まれ。

シラキュース大学大学院にて国際関係論および情報管理学修士を取得。ITベンチャー、コンサルティングファーム、国連専門機関、外資系金融会社を経て、現在はロンドン在住。日本、イギリス、アメリカ、イタリアなど世界各国での就労経験がある。

ツイッター上では「May_Roma」（めいろま）として舌鋒鋭いツイートで好評を博する。趣味はハードロック／ヘビーメタル鑑賞、漫画、料理。

著書に『キャリアポルノは人生の無駄だ』（朝日新聞出版）、『みにろま君とサバイバル』（集英社）、『世界のニュースを日本人は何も知らない』シリーズ（ワニブックスPLUS新書）など多数がある。

マガジンハウス新書 018

激安ニッポン

2023年7月27日　第1刷発行

著　者　谷本真由美
発行者　鉄尾周一
発行所　株式会社マガジンハウス
〒104-8003　東京都中央区銀座3-13-10
書籍編集部　☎03-3545-7030
受注センター　☎049-275-1811

印刷・製本／中央精版印刷株式会社
ブックデザイン／TYPEFACE（CD渡邊民人、D谷関笑子）

ISBN978-4-8387-7519-4 C0236